RUDOLF STEINER

Geschichtliche Symptomatologie

歴史徴候学

危機の時代の人智学

2

ルドルフ・シュタイナー

高橋 巖［訳］

春秋社

目次

歴史徴候学　全九講

ドルナハ　一九一八年一〇月一八日一一月～二日

歴史徴候学

歴史徴候学

全九講

ドルナハにて

1918年10月18日～11月 2 日

Geschichtliche Symptomatologie

第一講

一九一八年一〇月一八日

先週おこなった考察［『三三三年。アウグストゥスの時代のローマとカトリック教会』一〇月一三日、ドルナハ］と結びつけて、今日から三日間、いろいろと重要な歴史問題を取り上げてみようと思います。近世史上の発展を支配する諸衝動を掘り下げるというこれまでの試みと結びつけて、近世史上のさまざまな転換点に光を当てて、現代人の魂が今どのような時代状況の下に立っているのかを明らかにしたいのです。その場合、人類の魂、特に自我の進化を、神的、霊的なものとの関連の下に考察するつもりです。

とはいえ、私はこれらの問題を、日頃皆さんがよく知っておられる事柄をふまえて考察するつもりですから、今日はまず——その理由は明日と明後日お話ししますが——、近世史の発展の全体を展望しておこうと思います。昨日もチューリヒの公開講演で、近世史のそのような展望を取り上げました［『霊学研究の光の中での近世の歴史』のこと］。

以前から、歴史を霊学の観点から論じるときには、歴史を「徴候学」として考察しなければならない、と主張してきました。通常の意味での「歴史」は、人類の進化の過程で真に意味あるものなのではなく、表面にあらわれた「徴候」にすぎません。けれどもこの徴候を通して事柄のより深い部分に眼を向ければ、人類の進化にとって、何が本当の現実なのかを明らかにすることができるのです。

通常は、いわゆる歴史上の出来事をまったくの事実として考察しますが、私たちは、この歴史上の出来事を、より深いところに存在する真の現実の解明のために取り上げます。しかし真の現実、真実の解明には、それに応じた考察が必要になります。

例えば、現代人の意識の在りようは、過去の歴史の結果である、とよく言われますが、学校で学んだ歴史上の出来事が、私たちのこころに、私たちの魂の構造にどれほどの影響を与えてきたでしょうか。人類全体の進化の過程の中に組み込まれている私たちの魂の在りようを考察するのでなければ、自己認識を可能にすることができません。通常の歴史考察によって、もちろん、ときには一片の自己認識に到ることもあるでしょうが、しかしそれは、廻り道を通って為されるのです。

例えば、昨日ある人が私に語ってくれたことなのですが、この人はあるとき学校で、マラトンの戦い（前四九〇年）がいつ生じたのか、答えられませんでした。それで三時間居残りの罰を受けたのです。もちろんこのことも廻り道をとって、歴史の授業が魂に及ぼすことのできる影響のひとつです。廻り道をとって、自己認識への衝動に役立ってくれるかもしれません。しかし、マラトンの戦いの歴史についての教科書の記述をただ暗記しただけでは、生徒の自己認識のためには、あまり役に立ってくれないでしょう。

とはいえ、徴候学的な歴史考察もまた、外的な出来事に注意を払わなければなりません。なぜなら、外的な出来事を考察し、評価することを通して、その時代の意識を洞察することが大切なのだからです。

そこで、近世史上のひとつの情景を思い描いてみようと思います。学校で「アメリカの発見」の時代、「火薬発明」の時代と教えられている時代の情景です。すでにご存知の通り、「今や、中世が終わり、近世が始まる時代が到来した」、と教えられています。しかし、この時代の考察を生活のために役立たせようとするには、眼差しを人類史上の本当の激変に、人間の魂のいとなみのひとつの在り方から別の在り方へ移行したあの偉大な転換点に向けることが必要です。

通常、魂のこの移行過程に眼を向けることは、あまりありません。なぜなら、その過程は、歴史の激変の中で見過ごされてしまっているからです。しかし霊学的な考察によれば、人類文化の最後の大転換点は、第五後アトランティス期の始まる一五世紀初頭に生じました。ギリシア＝ラテン期（第四後アトランティス期）は、紀元前七四七年に始まり、第五後アトランティス期の始まる一五世紀初頭の一四一三年まで続きました。通常の歴史考察では、出来事を表面的にしか考察しないので、人びとの魂のいとなみが本当にこの時点で激変したのかどうか分かりません。一六世紀の人の魂がまるで一一世紀、一二世紀からそのまま継続してきたかのように考え、一五世紀以降の注目すべき魂の激変を見落としていたら、歴史の本質が見えなくなります。もちろん、このような「転換点」という言い方は、概略的でしかありませんが、ひとつのまとまりをもった進化のプロセスが別のまとまりに移行するときには、常に「概略」しか語れません。

　ある人が思春期を迎えたとしても、その迎えた日を特定することなどできません。それは準備され、そして進行していきます。一四一三年という年にも、同じことが言えます。事柄はゆっくりと準備されるのです。一年の間に、いたるところに変化が生じるのではありません。しかし、激変の時点を具体的に提示するのでなければ、事柄を洞察できないのも確かです。

　私たちが一五世紀以前の時代の人びとの基本的な魂の在り方を一五世紀初頭以降の魂の在り方と比較するときには、どうしてもヨーロッパ中世の文明に浸透していたカトリシズムに眼を向けざるをえません。カトリシズムはギリシア＝ラテン期の魂の在り方と密接に関連して、何世紀にもわたって、ローマ帝国の中から次第に形成され、そしてローマ教皇庁と結びついています。カトリシズムは、近世の大転換点に到るまで、普遍衝動として普及しました。ご承知の通り、中世の人びとの生活は、身分制に従って分けられ、家族関係に従って分けられ、ツンフト（中世都市の手工業者の同業組合）等々に従って分けられていましたが、しかし、これらすべての区分を貫いて、カトリシズムはあらゆる人びとの魂の中に浸透していきました。そしてそれが、これからお話しする、近世のいろいろな衝動の下でも、キリスト教が纏《まと》う衣装であり続けました。

カトリシズムはローマから始まり、真に普遍的な衝動として何世紀もの間発展を遂げてきました。そしてこの普遍衝動こそがヨーロッパ文明の中に息づいているもっとも深い力だったのです。

カトリシズムは、人間の魂に無意識に働きかけることのできる暗示力をもって、まだ完全には目覚めていなかった諸世紀の人間の魂に働きかけていました。人間の自我は私たちの時代になって、やっと目覚めたのです。私たちの概念を使えば、カトリシズムは人びとの心情魂＝悟性魂に対して暗示力を有効に行使しました。教養ある人びとの――たいていは聖職者でしたが――まだ意識魂に達していない、その鋭い悟性魂に対しても同様の働きかけをしたのです。

一三、一四、一五世紀までの神学は、考えうるもっとも鋭い悟性に担われていました。この悟性は、現在私たちの知っている悟性とはまったく違います。こんにちの人は、一五世紀までの人間の悟性を決して正しくイメージできないでしょう。一五世紀までの悟性は本能的で、まだ意識魂に担われていなかったので、意識魂のように自立的に思考したのではなかったのですが、しかし途方もなく鋭い働きを示していました。そのことは、一五世紀までの多くの議論の中に見てとることができます。実際、それらの議論の多くは、後の神学の議論よりも、はるかに冴えていました。それは意識魂の働きなのではなく、通常の言い方をすれば、いわば神的な存在に由来する悟性であり、秘教的に語れば、天使に由来する悟性だったので、人間はそれを自由に扱うことができなかったのです。

　こうして、暗示力を行使するローマ教皇庁を中心とした教会制度を通して、ひとつの普遍衝動が普及し、それに応じて人びとは、同じ集合魂を共有していました。カトリシズムもまた、この集合魂を共有し——後で別の観点から取り上げるつもりですが——、近世の権力衝動に従うローマ＝ゲルマン帝国と衝突するようになります。普遍的なローマ・カトリシズムは、ローマ＝ドイツ帝国と絶えず烈しく衝突し、対決しながら影響力を拡げていきました。カロリング朝やホーエンシュタウフェン家の時代のことを調べてみると、カトリック的普遍衝動が、ローマの考え通りに、ヨーロッパの各地へ拡がっていったことが分かります。

　意識魂文化の始まりの時点に立って観察しますと、中世において支配的であった働きが、その支配をやめるに到った大転換点が、外からでも徴候として見えてきます。この転換点は、一三〇九年、フランスによって教皇がローマからアヴィニョンに移された時点です。それまでにはとても生じえなかったことが、このとき生じたのです。以前はひとつの普遍衝動に支配されていたのですが、状況がこれまでとは違ってきました。以前でしたら、教皇をローマからどこか別のところへ移そうなどと考える王や皇帝はいませんでした。一三〇九年、簡単な裁判が行われ、教皇はアヴィニョンへ移されます。そして、教皇たちと、教皇庁の移動によって生じた反教皇たちとの間に争いが始まります。そしてこのことと結びついて、キリスト教にまったく別の関連をもつ出来事が生じました。

　教皇がアヴィニョンに移されたすぐあとで、一三一二年、テンプル騎士団（一一一九年設立）が廃止されたのです。このことも、近世史の転換点のひとつです。私たちは、このことの事実関係を考察しなければなりませんが、それだけではなく、その背後にどんな現実がひそんでいたのかを、徴候として考察しなければなりません。

　ここで、別の徴候も心に思い描いてみましょう。この転換点の時代を眺めますと、ヨーロッパの生活は、まるで自然現象であるかのように働きかけてくる東方からの出来事によって根底から影響を受けました。東方からの絶えざる民族移動によって、です。民族移動は、モンゴル人（四世紀の中頃からのフン人）の移動と共に、新たな時代を迎えたのです。モンゴル人は、アジアからヨーロッパへ移動してきて、アジア的な要素をヨーロッパへ持ち込みました。この事件をアヴィニョンの事件と結びつけるとき、歴史徴候学にとって非常に意味のある観点が獲得できます。

　なぜなら、皆さん、どうぞ次のことを考えてみて下さい。何がアヴィニョンの事件を生じさせた外的な原因であり、結果であったかを知ろうとするのでしたら、そこに働く支配者の決断と、外的な事実との関連を考察すればよいのですが、このモンゴルの侵入のような事件を考察するときには、後年のトルコ人の侵入の場合もそうですが、そういう考察ができないのです。このような歴史的事件を考察するときには、次のような仕方で、歴史徴候学に到ろうとしなければなりません。

　ここがヨーロッパで、ここがアジアだとします［図1］。人びとの群れがこちらへ向かいます。人びとの流れがこの境界を越えてやって来た、と考

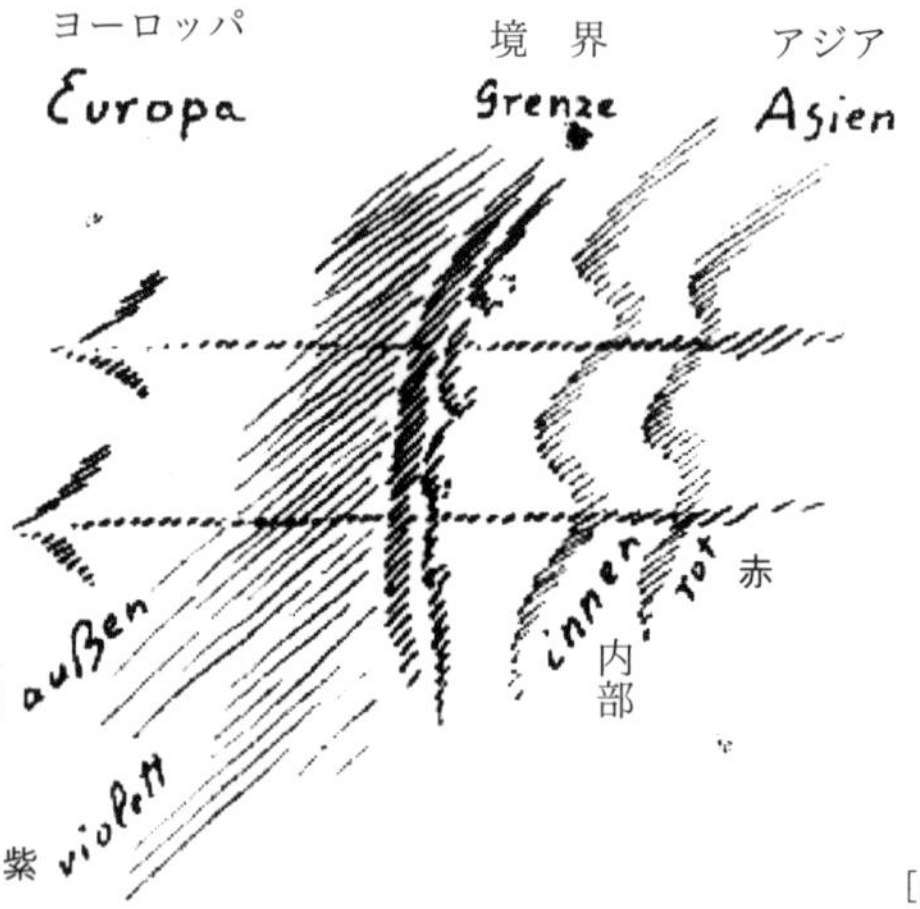

［図1］

えて下さい。この境界の背後にはモンゴル人、後にはトルコ人その他、なんらかの東洋人がおり、その手前にはヨーロッパ人がいます。

　私たちがアヴィニョンの事件を取り上げるときには、人間による決意、人間による行為を考えることができます。しかし、この境界の彼方に対しては、人間の内面が見えません。ですから、二つの側面を考察しなければならないのです。こちら側とあちら側があります。ヨーロッパ人にとっては、こちらへやってくる民族移動は、ひとつの自然現象のようなものです。そこでは外からの働きだけが見えるのです。人びとがやって来て、ただ邪魔をするだけなのです。彼らは侵入してきます。しかし、その背後には、彼らの魂の文化のすべてが生きています。彼ら自身の魂のいとなみが、その背後にあるのです。私たちはそのことを考慮に入れることはできますけれども、この魂のいとなみそのものは、背後にあるのです。そのいとなみは境界を超えてこちら側へ働きかけて来ません。境界は篩《ふるい》のようなものになっています。外的な作用だけがそこを通ってくるのです。

　東方からの人びとの「内的な」側面は、境界の背後にとどまっています。この内的側面と他のものに向けられる外的側面、このような二つの側面は、もちろんアヴィニョンの事件の場合には見られません。そこではすべてが、からみ合って存在しています。しかし、アジアからの移動のような事件は、自然現象と大変よく似ています。考えてみて下さい。自然を見るときには、色を見、音を聞きます。そのすべては、絨毯であり、覆いであり、その背後に霊の働きがあります。その背後には、四大存在たちがいるのです。そこには境界があります。私たちは自分の眼で見、自分の耳で聞き、自分の手でさわりますが、その背後の霊の存在には気がつきません。自然の場合とこの民族移動の場合には、まったく同じではありませんが、似たものがあります。その背後の魂の存在はやって来ません。やって来るのは、外側だけです。

その場合、中間に眼を向けることは、非常に大切です。この中間で、諸民族、諸人種がぶつかり合い、互いにその外側を見せ合っています。この中間でさまざまな徴候が示されています。アヴィニョンの出来事のような、人間生活の普遍的な体験とまったくの自然現象との中間物です。近代の歴史論はすべて、このような中間物の介入のことをまったく考えていません。ですから、真の文化史的考察になっていないのです。フランシス・ベーコン（一五六一―一六二六年）もランケ（一七九五―一八八六年）も、真の文化史を提示してくれてはいません。時代も傾向も大きくかけ離れたこの二人の文化論者の名を一緒に挙げたのは、この二人が同じ偏見から出発しているからです。つまり、二つの事件が続いて起こるときに、あとのものが結果であり、先のものが原因である、そして人間がこの因果関係の中に立っている、という考えを前提にしているのです。しかし私たちは今、このような考え方をやめなければなりません。私たちが取り上げる近代の諸事象は、その事象を通して、どのようにして徴候が大きな歴史的現実に到るのかを示すものでなければならないのです。

近世の初頭に眼を向けるとき、さらに次のような徴候に出会います。すなわち、ヨーロッパの西方、後のフランスとイギリスの諸地域が、はじめは多かれ少なかれまとまりをもった統一体として見えてきます。実際、はじめは互いにはっきり区別がつきませんが、後には二つの国に分かれます。はじめは単に海峡が間に存在するだけで、海峡の向こうも、近世が始まる頃までは、フランス文化がいたるところを支配していました。そこにイギリスの支配権がフランスにまで及ぶのです。同一の王朝のメンバーたちが、もう一方の地域の支配権をも要求します。しかしその要求も、中世においては、カトリック＝ローマ的な普遍衝動に従属していました。

すでに言いましたように、人びとは共同体の中で生きていました。家族という血縁関係、同業組合、その他いろいろな地域共同体の中で、です。しかし、何よりも強力に支配的だったのは、カトリック的＝ローマ的な普遍衝動でした。この普遍衝動は、同業組合その他の共同体を従属させ、さらには国家的共属性をも支配下に置きました。国家の一員であるということは、ローマの普遍的カトリシズムがその力を最大限に発揮していた頃は、もっとも大切な共同体に属することであるとは見なされていませんでした。しかしそのような宗教的共属関係は、今や終わったのです。国家こそが人びとにとって本質的な共同体だと思えるようになりました。国家は、カトリックの普遍衝動よりもはるかに大きな力を行使するようになりました。今私が取り上げた地域において、特にこのことがあてはまります。

　しかし、このことは後でもっと詳しく考察するつもりですが、この地では国家《ナツィオン》が国家理性として生きるようになるだけでなく、分化を達成しようとする、もう一方の重要な衝動も現れます。

　何世紀もの間、統一衝動がフランスとイギリスを支配していましたが、一五世紀の頃から、分化衝動が生じます。そして、そのことを示す最も重要な転換点が一四二九年のオルレアンの乙女（ジャンヌ・ダルク、一四一二―三一年）の登場なのです。それを機に、この地域がフランスとイギリスとに分化します。国家の出現は、共同体を形成しようとする衝動の現れなのですが、同時に近世的人間の魂の発展を表わす徴候として重要な「分化」が、このオルレアンの乙女の登場と共に始まったのです。

　教皇制が西ヨーロッパの住民たちを自分の手から解放した瞬間に、まさにその西ヨーロッパで、国家的な力が現れ、社会関係を新たに形成し始めます。この事情を見誤ってはなりません。現代の歴史書では、当然のように、各民族の歴史を振り返ってみて、「この時代には、どの民族にも、すでに国家への要求が見られる」、と述べています。しかし、その要求を魂の徴候としては見ていません。スラヴ諸民族を考察する場合にも、もちろん、こんにちの考え方に影響されていれば、国家感情、国家要求をずっと遠い過去にまで見てとることができます。しかし国家を形成しようとする衝動は、まさに今取り上げている時代に、特別力強く働いていたのです。ですから、今述べた地域において、時代の魂の諸衝動がもっとも大きく変化します。そして、このことが大切なのです。現実を認識するためには、このような観点に立たなければなりません。

意識魂の出現を外的に開示する徴候は、イタリアの国家意識の成立過程にも、よく示されています。その頃までイタリア全土に働いていた、平均化しようとする教皇制の代わりに、イタリアの国家意識がつくり上げられました。イタリアにおいては、国家衝動がまさにこの時代に、イタリア半島の人びとの魂を教皇庁から本質的に解放したのです。以上のすべては、ヨーロッパにおいて、意識魂の文化を悟性魂＝心情魂の文化から発展させようとする時代の諸徴候であると言えます。

同じ時代——それは数世紀に及びますが——、中部ヨーロッパと東部ヨーロッパの間にも、対立と分化が始まります。そこでは私が教皇庁に対する「城壁破壊機」と呼んだローマ的＝ゲルマン的帝国（神聖ローマ帝国）から発展したものが、侵入するスラヴ人たちと対決するのです。そして中部ヨーロッパと東部ヨーロッパとの相互関係が、実に多様な歴史的徴候を示して経過していきます。

歴史を考察するときには、こんにちの歴史研究者がするように、支配者たちに大きく扉を開く必要はありません。ルイ敬虔王（七七八—八四〇年）とその息子たちとの間で演じられたあの相続争いを人びとに再現してみせることは、結局、余興でしかありません。その際、演じられた王のドラマを歴史的に重要な事件だと述べることは、漫談でしかないのです。この歴史上の家庭劇の内容は、一般の家庭内での争い以上の意味をもっていません。この家庭劇は、人類の進化とは何の関係もありません。歴史を徴候学として考察するとき初めて、人類の進化が洞察できるのです。なぜなら、そのとき初めて、歴史上何が重要であり、何が重要でないかが見えてくるからです。

　近世史にとって特に重要なのは、ヨーロッパの中部と東部の対決過程です。基本的にオットカールなどに関わる事柄「オットカール二世とルドルフ一世の戦い」は、ジェスチャーのようなもので、現実に生じた事柄を暗示しているだけです。もっと重要なのは、この事件を一面的に考察するのではなく、ヨーロッパの中部と東部のこの対決が生じている間に、中部から東部への植民活動が農民運動を生じさせたのを知ることなのです。

　ライン河地方から遠くジーベンビュルゲンまで人びとを移動させたこの植民活動は、さらにそこでの中部と東部のヨーロッパ人の混交によって、この地域の生活全体に、この上なく深い影響を与えました。一方では、侵入するスラヴ人がローマ＝ゲルマン帝国の中部ヨーロッパ文化と結びつき、東方へ移動する中部ヨーロッパ人たちと絶えず混血し合い、そして歴史上、ハプスブルク権力と呼ばれるものが、この注目すべき民族混合から立ち現れるのです。

しかしもう一つ、別の現象がこの近世初頭のヨーロッパのいたるところに出現します。それは、固有の立場に立つ中心の形成です。「都市」という小さな共同体の内部で育成された中心の形成です。一三世紀から一五世紀までに、ヨーロッパ全土に都市固有の立場が明らかになります。私が先にお話ししたアヴィニョンの事件は、これらの都市のひとつを通して生じたのですが、個性的な人物たちが、これらの都市の中で育っていくのです。

さて、この時代の考察にとって大切なのはフランスとイギリスが分かれた後、まずイギリスにおいて、「議会制」がゆっくりと、しかし根本的に準備されたことです。一四五五年から一四八五年まで続いた長期にわたる内乱［ばら戦争］の結果、多様な外的諸経過の中に、新しい議会制の芽が徴候として現れてきます。一五世紀に意識魂の時代が始まると、人びとは自分たちの要件を自分たちの手で処理したいと思い、生じるべき事柄について会議にかけて、互いに論じ合おうとします。そして、話し合ったことを実現させようとします。または外的な出来事を自分たちの責任だと、少なくとも思おうとします。そしてこの思いが――一五世紀のきびしい内乱の中から――イギリスの中で実現していきます。その経過は、フランスにおいて国家的衝動の影響下に形成された体制と、はっきり区別できます。イギリスのこの議会制は、国家的な衝動からつくり出されたのですから、一五世紀のイギリスの内乱から議会制が生じるまでの諸徴候を通して、一方では国家理念の萌芽が、そして他方では人びとの心の内部にうごめいている意識魂的な衝動が、互いに入り組んだ作用を及ぼし合っているのがはっきり見てとれます。あとで述べるような諸理由から、意識魂の衝動は、まさにイギリスにおけるこれらの出来事を通して、自己を実現していきます。しかしこの衝動は、まさにそこでのみ得ることができたあの国家衝動の性格をとっていますから、特定の色合いをもっています。以上、私たちは、意識魂文化の時代のはじまりに、ヨーロッパが示している状況の若干を取り上げてみました。

　これらすべての背後で、いわばヨーロッパにとって半ば謎のように、後年ロシアの体制となるものが発展していきます。それはまったく未知のものとして現れてきます。なぜでしょうか。なぜなら、それが担っているのは、未来のための萌芽なのだからです。

　けれどもそれは、はじめは明らかに古いものから産み出されました。または少なくとも、意識魂ではないものから、そもそも人間の魂ではないものから産み出されました。もちろん、一度は魂から生じたにしても、ここでは人間の魂から発したのではないのです。制度としてロシアの体制に介入した三つの要素のどれ一つとして、ロシアの魂から生じたのではないのです。この三つの要素の一つは、ビザンティンに由来するものでした。ビザンティンのカトリシズム（東方教会）にです。第二の要素は、ノルマンとスラヴの混血によって生じました。第三の要素は、アジアからやってきました。これら三つのすべては、ロシアの魂の内部から産み出されたものではありません。しかしそれらは、ヨーロッパの歴史の背後にある謎の事象として、ロシアに独特の政治形態を与えたのです。

以上、さまざまな徴候を取り上げてきましたが、これらに共通する特徴は何でしょうか。当時の有力な衝動と以前の有力な衝動とを比較してみると、そこに顕著な違いが見られますが、まさにこの違いが意識魂文化の本質と悟性魂＝心情魂文化の本質とをよく示しています。

事柄の本質を明らかにするために、まずキリスト教の衝動を較べてみましょう。一人ひとりの心のもっとも核心的な部分から生じてくるこの衝動は、歴史上の諸事象に関わっていきますが、本質的には心の内部から生じてきた衝動です。地球進化においてキリスト教は、このような種類の衝動のうちの最大のものですが、もっと小さな諸衝動もあります。アウグストゥス時代のローマ人の生活に働きかけた、古代ギリシア人の数多くの内的衝動に眼を向けると、古代人の魂の中から産み出されたものが新しいものとしてローマの歴史の中に浸透していくのが分かります。アウグストゥスの時代がもたらしたものは、この意味で、本当の誕生を意味するものはなく、古代ギリシアの再生、ルネサンスだったのです。ローマ人の魂から生じた古代の再生だったのです。だから、その衝動は外から働きかけてきました。

その際、私たちの注意を惹く第一のものは、国家理念または国家衝動です。これも人間の魂から産み出されたのではなく、遺産として受けとったものですが、それ以外にも、数多くの精神的衝動が、古代ギリシアから伝えられました。

この国家衝動は、植物のような自然の産物が烈しく要求するようなものです。人が自分をある国籍に属しているというときは、自分の内面から産み出されたものを示しているのではなく、植物が生長するような、生長を示しているのです。私は、アジアからやってきたものが、一面だけをヨーロッパ文化に向けている点で、植物のような在り方をしている、と敢えて指摘しました。モンゴル人や後のオスマン・トルコ人がヨーロッパに侵入したことによって生じたものの中には、ヨーロッパ人の魂の中から産み出されたものは何も見当たりません。たとえこの侵入の過程で、多くの事件が生じたとしてもです。ロシアにおいても、この侵入によって人間の魂の中から生じたものは何もありません。ただビザンティン主義とアジア主義という、ノルマン的＝スラヴ的な混血だけを普及させたのです。この侵入は与えられたもの、人生の中に介入する自然現象のようなものでした。人間の魂の中から産み出されたものではなかったのです。ですから後の時代を考察するときの出発点として、次のことを確認しておこうと思います。人間が強く要求するものは、一五世紀以降、それまでとはまったく別のものになった、ということをです。

ここでもっと内面的な事実を考察しようと思います。これまで外的な歴史事実に眼を向けてきましたが、魂の外皮を突き破ろうとする意識魂衝動と深く関わるような内面的な事実としては、例えば、ヨハン・フス（一三六九－一四一五年）の処刑を決めた一四一四年のコンスタンツ公会議があります。フスは、「人間火山」とでもいうべき人格の持ち主でした。一四一四年にコンスタンツの公会議が始まり、フスを処刑の対象に取り上げたのは、一五世紀初頭という、まさに意識魂文化の始まる時期のことでした。フスは何をしたのでしょうか。カトリック普遍衝動という、まったく暗示的な文化に対して、強力なプロテストを行ったのです。フスの心の中には、ローマの普遍衝動を通して働く悟性魂＝心情魂の立場への反抗が生きていました。この反抗は、すでにアルビ派の闘争の中で準備されていました。フスの立場は決して例外だったのではありません。イタリアでは、ジロラモ・サヴォナローラ（一四五二－九八年）をはじめとして、さまざまな人が現れ、伝統に対する自立した人格の反抗が、自分の宗教信条にも及ぶのです。その反抗は、特に教皇中心のカトリシズムの暗示的な普遍衝動に向けられました。

そしてこのことは、マルティン・ルターの中に見られるだけでなく、ローマからイギリス教会を解放する、非常に重要な興味深い動きにおいても、ヨーロッパの特定の地域におけるジャン・カルヴァンの影響の中にも、見られます。まるでひとつの流れがヨーロッパの全文明世界に貫通していくようです。その流れは人間の魂と結びついた他の諸影響よりも、さらに内面的な流れでした。

歴史現象としてカルヴァンやルターを考察するとき、彼らの何に驚嘆するのでしょうか。イギリス教会をローマから独立させた人たちの何に驚嘆するのでしょうか。魂の中から産み出される新しい生産的な理念にではなく、古いものを新しい形式の中に注ぎ込もうとするエネルギーに驚嘆するのです。以前は、より無意識的、本能的な悟性魂＝心情魂によって受けとられましたが、今や自立した意識魂が受けとめるのです。しかし、意識魂は、新しい宗派や新しい理念を産み出すのではなく、古い諸理念についての争いを生じさせるのです。新しい象徴が発見されるのではありません。

人類史を過去へ遡っていくと、ますます象徴を豊かに創造する時代に出会います。実際、祭壇の祭器の象徴は、かつて人間の魂の中から産み出されたものです。しかし、ルターやカルヴァンの時代には、その象徴について、あれこれ論争することしかできません。何かを人間の魂の中から産み出そうという衝動は、広範囲にわたって存在しませんでした。意識魂文化の出現は、既成の事物との新しい関係ではあっても、新しい創造的な衝動ではなかったのです。

ですから、新しい時代が始まり、意識魂がその時代に働き始めると、伝統との新しい関係が生じます。そして一方では、国家衝動が働き、他方では、宗教信条の深い部分においてまで自立しようとする人格への要求が生じます。意識魂は魂の殻から抜け出ようとするのです。

二つの代表的な国民国家、フランスとイギリスのその後の発展を見るには、意識魂のこの二つの働きを研究しなければなりません。フランスとイギリスは共に強大になりますが、互いにはっきりした相違を示しています。国家衝動と人格衝動とが、異なる仕方で、フランスとイギリスの中で相互に作用し合っています。そして、新しい事実を創り出すというよりは、伝承されたものを作り変えて、近世ヨーロッパ社会の基礎を築くのです。国家権力の強大化は、特にイギリスではっきりと現れます。イギリスでは、例えば、フスの中で、宗教的なパトスとして働いていた人格要素が、国家要素と結びつきます。そして、ますます議会制を育成させ、充実させるのです。ですからイギリスでは、人格的な要求が政治の方向へ向かったのです。

一方、フランスでは、同様に強力に人間の気質その他の人格要素に働きかけている国家要素があるにもかかわらず、むしろ人格の自立そのものが優位を占めています。ですから、別のニュアンスが生じています。イギリスでは、国家的なニュアンスがより強い色調をあらわしているのですが、フランスでは、人格の要素がより目立ち、それが外にもはっきりと現れています。この点を深く考察しなければなりません。

これらの事柄は、人間の恣意からではなく、客観的に生じます。衝動が働くところに、それらを見ることができます。ひとつの衝動が外的に何も促しを受けず、むしろ反対の衝動がそれを妨げるときは、成果をあげることなく、不毛のままに終わってしまいますが、フランスでは、国家衝動が強く働き、この衝動がフランス民族を教皇の権力から解放しました。教皇をアヴィニョンへ移るよう強制したのも、フランスの国家衝動でした。ですから、フランスは人格解放のための土壌を、このような仕方で用意したのです。イギリスでは、国家衝動も強力に作用しますが、同時に、当然のように人格衝動も働き、国民全体が文化をローマから解放し、そして独自の信仰構造をつくります。

一方、スペインでは、時代の衝動が国家要素に浸透することも、暗示的に働きかける旧勢力に対抗することもできず、すべてが卵の殻の中に留まり、その殻を破る前に、退廃してしまいます。

外的な事象は、実際、歴史認識のための徴候なのです。いわゆる歴史事実が徴候にすぎないことは、ただ見ようとする意志さえあれば、手にとるように明らかに見てとれます。一四七六年、こんにちのスイスで重要な戦いがありました。カール大胆王がムルテンの戦いで敗北したのです。そのとき、当時の人びとの魂の中に生きていたのは、この上なく重要な徴候のひとつです。すなわち、ローマ教皇と密接に結びついた騎士道がそのとき滅び始めるのです。

しかし、当時の文明世界を貫いて流れる時代の衝動は、代表的な現象の中でしか表面に現れてきません。もちろん、表面に現れようとすれば、古い動きがそれを抑え込んでしまうからです。正常の進化と並んで、常にあらゆる種類のルツィフェル的、アーリマン的な反動が停滞する立場から力を発揮するので、正常な衝動は、そのルツィフェル的、アーリマン的な働きと戦わなければなりません。

そのように、フス、ルター、カルヴァン、ジョン・ウィクリフ（一三二〇頃―八四年）の中に現れる衝動は、戦わなければなりませんでした。この戦いのひとつの徴候は、フェリペ王（一五二七―九八年）というルツィフェル的＝アーリマン的なスペイン王と、その権力に対するネーデルラント連邦の反乱の中に見ることができます。一五八八年、スペインのアルマダが占領されたのは、近世における最も重要な転換点のひとつでした。それを徴候として考察すれば、解放を求める人格に対する最強の対抗勢力としてのスペインの勢力がすべて、この事件によってはね返されたのを見ることができます。ネーデルラントの自由のための戦いとアルマダの占領との中に、この過程の外的な徴候を見ることができるのです。

それは単なる外的な徴候にすぎません。なぜなら、ゆっくりと内面への道を通して、歴史の歩みを考察するときにのみ、私たちは現実を手に入れることができるからです。しかし、こうして波が押し寄せてくるときは、それによってますます内なる世界が開示されます。一五八八年にアルマダが攻略されたとき、意識魂を自分の中に発展させようとする自立した人格が、悟性魂＝心情魂に由来するもっとも硬直した権力を打倒したのです。

歴史考察において、後のものは前のものの結果であると思うのは、ナンセンスです。原因があり結果がある、というのはたしかに分かり易い考え方です。特に歴史の専門家がそういう考察の仕方をすれば、なおさらです。こうして人びとは、ひとつの歴史的な事象から次の歴史的事象へ眼を移していきます。しかし目をひらいて物事を見ようとすれば、こういう考察の仕方がいかに無意味であるかを、歴史の徴候そのものが示しているのです。

このことを明らかにしてくれる一大事件があります。一五世紀以来の、すでに述べた諸衝動、国家衝動、人格衝動などのすべてが対立を生み、そして三十年戦争を生じさせたのです。三十年戦争の歴史的考察は、徴候学の立場からなされなければなりません。しかし、たいていは喫茶店でのおしゃべりに近いやり方に終始しています。マルティニッとスラヴァタ（いずれも三十年戦争前のプラハ総督）とファブリチウス（一七四五―一八〇八年、デンマークの動物学者）は窓から放り出された。その下にごみの山があった。このごみはハラジンの召使いたちが清掃せず、紙屑の山になっていたので、彼らは生命をとりとめた。こんな話は喫茶店でするのには格好な歴史物語でしょうが、人類の進化とは、何の関係もありません。

三十年戦争を研究するときには、いずれにせよ――この戦争が一六一八年に始まったことは、わざわざ言う必要はないでしょうね――古いカトリシズム体質に対する抵抗に端を発した、まったくの信条の対立から発したものだということを、はっきりさせることが重要です。新しい人格と古いカトリック体質との対立が深刻な戦いを各地に生じさせました。そして戦争の終わる一六四八年の有名なウェストファリア条約まで研究を進めた歴史学者は、あらためて問わざるをえないでしょう。この三〇年の間に、何が生じたのだろうか。何がどう展開したのか、と。

プロテスタンティズムとカトリシズムの対立に関して言えば、一六四八年は一六一八年とまったく変わりありませんでした。このことに気がつく以上に意味深い考察はあまりありません。その間、そこここに、あれこれをめぐって争いが生じたのに、中部ヨーロッパ全体の状況は、始まったときと少しも変わっていなかったのです。

もちろんその間に混入してきたもの、一六一八年の諸原因の中には存在しなかったものがありますが、そのすべては、特定の戦場での戦いのあと、混入してきて、ヨーロッパの政治勢力にまったく違った構造を与えました。その結果、政治構造がまったく別のものになりました。ウェストファリア条約の結果、以前に比べて変化したことというのは、一六一八年の諸原因とは何の関係もないのです。まさに三十年戦争の場合、この事実が非常に重要なのです。この事実は、歴史を原因と結果に分けて考察することがどんなに無意味なことかを教えています。いずれにせよ、この条件の結果生じた状況から、イギリスとフランスが指導的立場に立つようになりました。しかし、このことは戦争に導いた諸原因とはまったく何の関係もないのです。

そしてまさにこの点が、近世史においては特に重要なのです。三十年戦争の結果、国家衝動がこれまでお話ししてきた他の諸衝動と一つになって、フランスとイギリスを代表的な国民国家にしました。こんにち、東方で「国家原則」についていろいろと語られていますが、その国家原則は、衝動となって西から東へ移っていったのです。まるで貿易風のように、です。そのように、国家衝動が西から東へ吹いていったのです。このことを完全に見通すことができなければなりません。

さて、非常に興味深いのは、同じ国家衝動が人格の解放と一つになって、二つの非常に異なった国家を形成したということです。一四二九年に、それがはっきりと現れ始めたことは、すでに述べました。フランスでは、国民国家の内部で、人格解放の傾向が強まり、歴史が特に内へ向かって転回します。国民国家の方向をこの線で表しますと、その一方に、個人がおり、他の一方に世界もしくは人類がおります［図2、赤］。この場合、フランスでは、国民国家の発展が個人の方向をとり、イギリスでは、世界、人類の方向をとるのです。

フランスは、国民国家の内部で、個人の変革を求めます。個人を別の何かにしようとするのです。イギリスでは、国家を通して、個人が全世界へ向かって行こうとする特徴をあらわします。全世界に働きかけて、いたるところで個人の実力を発揮させようとします。フランス人は、国家を通して人格の教師になろうとします。イギリス人は全世界で植民地を開拓します。この二つはまったく異なった方向ですが、いずれも土台は、国民国家

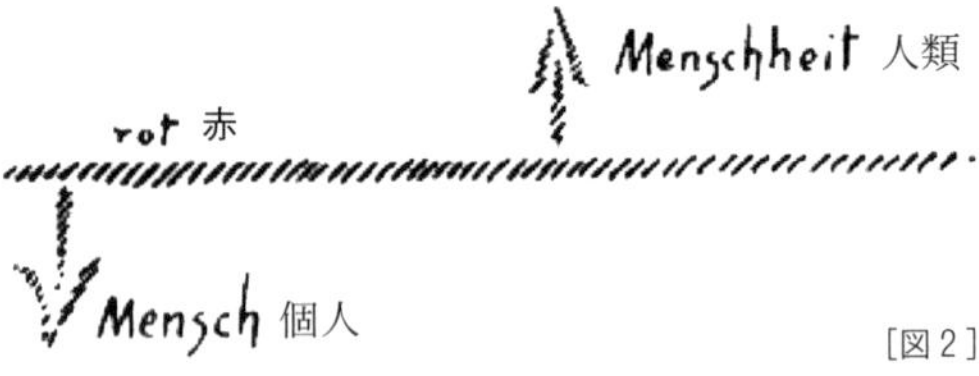

［図2］

なのです。一方は、個人の魂へ、内部へ向かい、他方は、世界人類の関係へ向かいます。このように、二つの並行する流れが、非常に異なる性格をもって、フランスとイギリスに現れたのです。ですから、個人の内部に働きかけるフランスにおいてのみ、ルイ十四世などの時代を超えて、国家が革命へ導かれるのです。イギリスでは、安定した自由主義を志向します。なぜなら、外へ向かうからです。フランスでは内へ、人間の内部へ向かいます。

この点は、おもしろいことに、地理的にもはっきりと現れています。革命から生じたナポレオンは、一八〇五年、トラファルガーの海戦においてイギリス軍に敗れましたが、この転換点を徴候として考察すると、この点が特によく見えてきます。なぜなら、そのとき、もちろん独特な仕方ではありますが、フランスの本質を体現しているナポレオンは、方向を内部へ――、地理的にもヨーロッパ大陸の内部へ転換したのです。

ヨーロッパをこのような形に描きますと、ナポレオンは、トラファルガーの海戦によって、ヨーロッパへ押しやられます［図3、矢印］。イギリスは正反対の方向をとって、全世界へ向かいます。その際、忘れてはならないのは、この別々の方向が対決を必要としたことです。一方が他方とぶ

［図3］

つかり、消耗しなければなりませんでした。それはアメリカにおける支配権をめぐる争いとなって現れます。それは、すでに一八〇五年のこの転換点から始まるのです。しかし、すでにその数十年前に眼を向けますと、フランスの特質を生じさせているラテン主義が、北アメリカでは、アングロサクソン主義によって撃退されたのです。

こう見ていくと、そこに何が支配しているかを感じとることができます。時代を支配する意識衝動が、「魔法使いの弟子」のように、国家衝動を呼び起こします。そうすると、その国家衝動は、多様極まりない仕方で人類の中へ伝播していき、それぞれの地域でそれぞれの特徴をあらわすように働きかけます。ですからそのすべての中に、同じ時代の意識衝動を見てとることができたときにのみ、問題の本質に迫ることができるのです。けれどもそれには、杓子定規にならずに、何が重要で何が重要でないか、何が特徴的で何がそうでないかを自由な眼で観察しなければなりません。そうすれば、外的な徴候から現実の内的な経過に近づくことができます。

実際、外的なものは、しばしば個人の内部の衝動とまったく矛盾したかたちで現れるのです。特に個人が独立しようとしている時代には、外的なものが個人の衝動を抑圧します。近世史の発展を徴候として辿るときも、このことが見えてきます。

歴史の流れは、ここにその流れがあるとしますと［図4］、ここはその表面です。歴史は通常、この表面の部分に眼を向けます。しかし、歴史の中には、しばしば火山のように、地下のエネルギーを噴き上げる大波が立ち現れる時があります。また別の時にも、地下の動きを推測させる事件が生じます。それらは、徴候として特にはっきりと現れます。それらの徴候の中には、外に現れた事象を無視しなければ見えてこないような場合も生じます。

　西ヨーロッパにおける意識魂の成立を、特にはっきりと示している人物がいます。その人物の個人史においても、時代との関わり合いにおいても、です。一七世紀初頭、この人物は、フランスの衝動とイギリスの衝動の分化過程に深く関わっていました。当時、この分化過程は、ヨーロッパ全土に影響を与えていました。この人物は、大変に鷹揚《おうよう》な性格の持ち主で、彼の学習したすべてに対して深い畏敬の念をもっていました。人類の遺産として学ぶことのできたすべてに、特別畏敬と感謝の念を抱いていました。非常に学識があり、当代最高の知的水準を示していました。非常に気前がよく、世界貿易には関心を示しませんでした。支配者として、世界に平和をもたらそうという理想に燃え、決断力、意志力にめぐまれていました。人間関係を大切にしようとする特別強い傾向をもっていました。ただ、この人物をそのように描くためには、少し一面的

［図4］

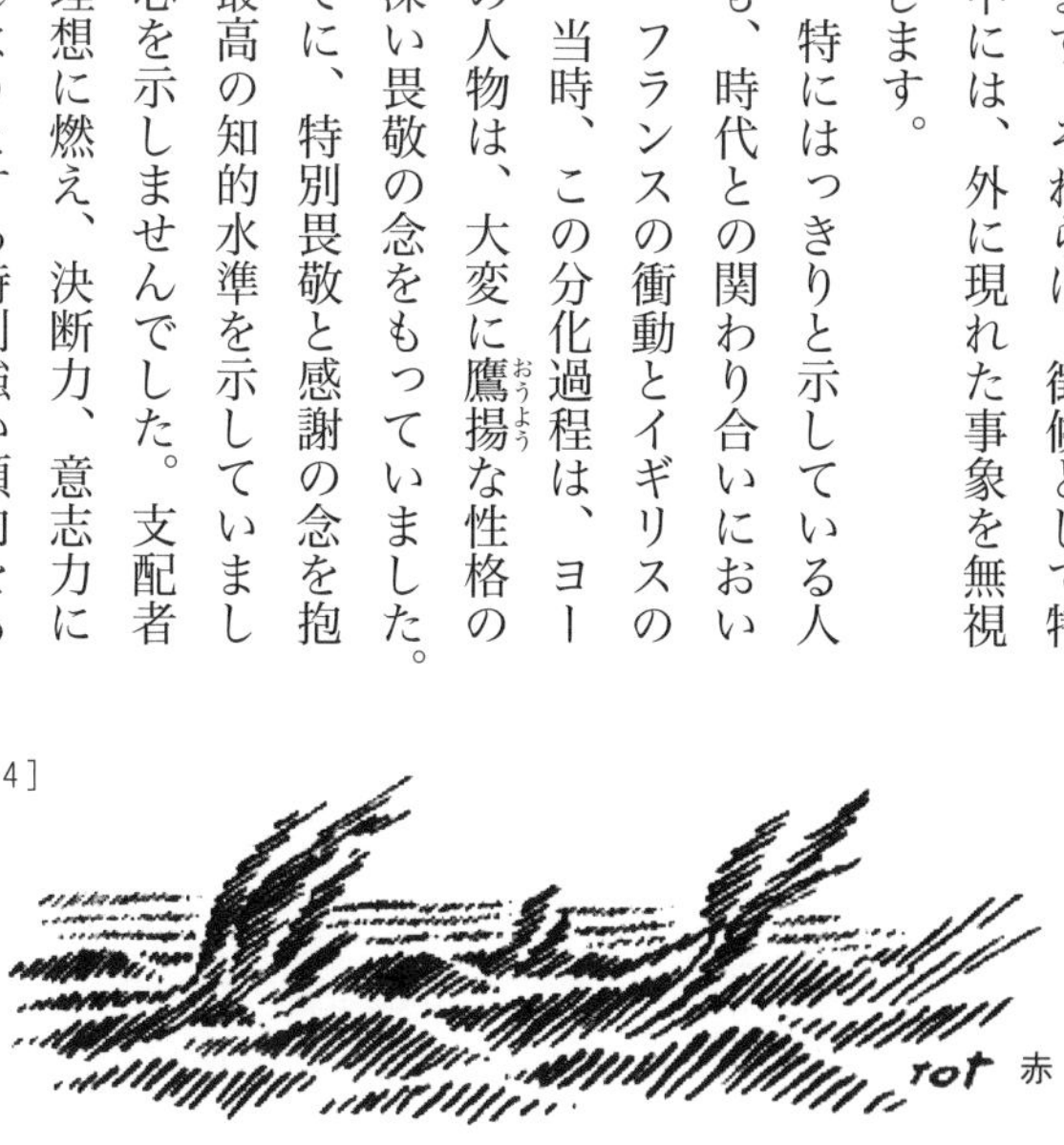

な見方をする必要があります。この人物を歴史が示すように、外から観察しますと、このように評価できるのです。

しかし、別の立場から同じように少し一面的になると、同じ人物を次のようにも描くことができます。この人物は恐るべき浪費家で、自分がどれほど無駄づかいしているか、まったく考えようとしない。しかし些事に拘泥する教授タイプで、抽象的な観念に耽って、学識をふりまわしている。小心な男で、大胆に勇敢にふるまうべきところで、臆病になって平和を唱えている。ずる賢い人物で、困難をうまく切り抜けるのが巧みである。子どもっぽい仕方で人とつき合うのを好み、相手を尊敬すると同時に、自分も尊敬されることを求めている。

少し一面的になると、以上のどちらの評価も可能になります。実際、この人物については、どちらの評価も、これまでなされてきました。人によっては、両方あてはまる、とさえ述べています。一六〇三年から一六二五年までイギリス国王として君臨していたジェイムズ一世について、そのような評価がなされてきました。そしていずれも、よくあてはまるのです。しかしそういう評価では、彼の内面に生きていた個性を見誤ってしまいます。彼がイギリスを統治していた時代は、まさに地下のエネルギーが噴出する時代で、いろいろな徴候が現れていました。それについては、明日お話しします。

第二講

一九一八年一〇月一九日

昨日は、近世史の諸徴候をひとつのイメージとして略書きしてみました。そして終わりに、この徴候複合——そのすべてにまだ眼を向けたわけではなく、その概略を述べただけなのですが——の中に、イギリス王ジェイムズ一世（一五六六—一六二五年）という注目すべき存在を置いてみました。

この人物は、一七世紀初頭のイギリスの支配者ですが、第五後アトランティス期のはじまりから決定的に重要な一九世紀に到る時期のほぼまん中の時点にあって、一種の謎のように現れています。ジェイムズ一世の人格と結びついたいくつかの秘密を語るのはあとにして、今日はこのジェイムズ一世が、徴候として、いかに注目すべき存在であるかを述べようと思います。

この人物について、昨日は二つの側面から見てみました。彼は実際、あらゆる点で矛盾を示しているのです。見方次第で、最高の評価も、最低の評価も下すことができるのです。しかし、特にはっきり言えるのは、ジェイムズ一世はその立っている地盤の上で、すでに述べた国民衝動から育った国家思想の地盤の上で、根無し草のような存在だったということです。彼はこの地盤の上に、まともに立つことができなかったのです。

けれども、第五後アトランティス期を特徴づけている「意識魂」の成立過程のより深いところに眼を向けてみると、ジェイムズ一世の人格がもっとよく分かってきます。彼は意識魂の時代の人間の中によく見られる、あの根元的な矛盾をあらわしているのです。この意識魂の時代の人間は、自己意識的な人格を育成せずにいた頃の人間が持つことのできた「本能の力」を失っています。以前の時代の人間は、本能的な力を、誤解されるのを覚悟して言えば、人間化され、魂となった動物の力を活用して生きていました。人びとは本能的な生き方をしていたのです。まだ集合魂から抜け出せず、まだ完全には独立していなかったのです。

そして今、人格が解放され、人びとは自らの上に立って生きなければならなくなりました。そしてそれによって、まったく注目すべき矛盾が人格の上に生じたのです。一方では、以前に存在したすべてが個的に生きるために棄て去られます。本能は力を失います。そして、人格の力が魂の中心に形成されるのです。魂の中で、人格が充実した力を獲得しなければならないのです。

矛盾の存在は、特に昨日述べた事情の中に見てとることができます。人格が自己意識的な在り方をまだできぬままに、魂が文化発展の生産的な力を生み出してきた時代は、今終息を迎え、魂は不毛になります。そして、それにもかかわらず、魂は人格を自分の中心に置こうとします。実際、新しい人格は、魂が人格を人間存在の中心に置くことによって、現れるのです。

ですから、アウグストゥス、ユリウス・シーザー、ペリクレスといった古代の傑出した人物たちは、もはや現れることができないでしょう。一方では、魂の基本的な部分が価値を失い、民主的な考え方が、人格を平均化するような平等の立場が尊ばれるようになるのですが、他方では、まさにこの平等化の中で、個性ある人格が現れようとするのです。こんな矛盾はめったにありません。

どんな人も、カルマを通してなんらかの地位についています。ジェイムズ一世は、支配者の地位についていました。たしかに、ペルシアの王たちの時代やモンゴルの汗《ハン》たちの時代には、さらにはローマ教皇がマジャールのイストヴァン（ステファン）一世（九九七―一〇三八年）に聖ステファヌスの王冠を戴冠した時代でさえも、人間の人格とは特定の地位にあることを意味していました。その地位にふさわしい人格、と思われていました。

ジェイムズ一世はそういう時代に王位についたのですが、まるで自分に似合わない衣裳を身につけている人のように、その地位についていました。自分の地位には全然似合わない衣裳を身につけている人のようでした。彼は子どものとき、カルヴァン主義的な教育を受け、後に聖公会に移りました。しかしカルヴァン主義も英国国教会も、彼にとっては基本的にどうでもいいことでした。彼の魂の内部においては、すべてが身に合わぬ衣裳にすぎませんでした。近づきつつある議会制民主主義の時代に、支配者として君臨するように定められていた彼は、本来非常に賢明な人物でした。非常に頭脳明晰な態度で、人びとに接しました。しかし誰も、彼が何を考えているのか理解できませんでした。実際、彼は他の人びととは違った考え方をしていたのです。

彼はスチュアート家という、もっともカトリック的な家の出でしたが、彼がイギリス国王の地位についたとき、カトリック教徒たちは、彼から何も期待できないことがよく分かっていました。だからこそ、一六〇五年、あの奇妙な計画が立てられたのです。すなわち、カトリック教徒の一団が集まり、できるだけ多くの火薬をロンドンの議事堂に持ち込み、機会を見つけて、議員全員を吹き飛ばそうとしたのです。これが有名な火薬陰謀事件です。事情を知ったあるカトリック教徒がその陰謀を密告したので、事件は未然に防ぐことができましたが、そうでなかったら、ジェイムズ一世も全議員と一緒に、ある日、空中に吹き飛ばされてしまったことでしょう。

彼は何事にも適応しませんでした。なぜなら、彼は新しい人格の持ち主だったからです。そういう人格は、単独な存在として、孤独の中で考え、自分だけを頼って生きています。しかし新しい時代の人びとは、自分が社会的に評価されることを望んでいます。これは新しい人格の時代に現れた根本的な矛盾です。このことを忘れてはなりません。新しい人格の時代だからといって、王制や教皇制が否定されたわけではありません。教皇や王の存在が否定されたのではありませんが、教皇や王が存在するとき、皆がその教皇や王を目標にしたのです。ですから、教皇制、王制、民主制が同時に共存できたのです。

注目すべきジェイムズ一世という人物を徴候学的に考察するとき、こうした事柄が思い出されます。彼はまったく新しい時代の人間でしたが、人格のすべての矛盾を抱えたまま、新しい時代を迎えたのです。ですから、昨日述べたように、彼を一方の側だけから性格づける人は、間違ってしまいますし、別の側だけから性格づける人も、間違ってしまいます。そして、彼のことを述べている彼自身の著述も間違っているのです。実際、彼自身の書いたものも、直接的な仕方で彼の魂の中へ私たちを導いてはくれません。このように彼は、彼を秘教的な観点から考察しない限りは、一七世紀初頭における大きな謎として立ち続けます。ある点で彼の態度は、近世の衝動を、もっともラディカルな仕方で示しているのです。

ここでもう一度、昨日述べたことを思い出しておきましょう。いくつかの決定的な事柄が、西ヨーロッパで生じました。私はイギリスとフランスの相違についてお話ししました。一五世紀以降におけるその相違を考察しました。転換点は、一四二九年の「オルレアンの乙女」、ジャンヌ・ダルクの出現と共に始まります。その結果がどうなったかについてもお話ししました。イギリスにおいては、人格の解放が人格を世界に広めたいという欲望となって現れ、フランスにおいては、人格の解放が――いずれの場合も国家理念に発しながら――、可能な限り人間の内面を捉えて、内面を豊かにしようという熱意をもって現れます。そのような動きの中で、一七世紀初頭に、ジェイムズ一世という人物が、人格のあらゆる矛盾を代表して出現したのです。時代の変化の諸徴候を見極めようとするなら、決して杓子定規な態度で考察してはなりません。いつでも解決できない部分を残しておかなければなりません。そうでないと、先へ進むことができません。ですから私は、皆さんがジェイムズ一世について、納得できるイメージをもつことができるようにお話しするのではなく、彼について考え、あれこれと思いめぐらすことができるようにお話しするのです。

　イギリスの本質とフランスの本質との間の極端な相違は、ますますはっきりと現れてきます。国家理念は、まさにフランスにおいて、三十年戦争の混乱の中から現れてきます。国家主義の問題を研究しようとするのでしたら、フランスにおける国民国家の成立、その光栄と衰退を、ルイ十四世その他をめぐって取り上げる必要があります。フランスでは、そのあとこの国民国家の中で、フランス革命に到る人格の更なる解放へと向かいます。フランス革命は、人生のもっとも大切な三つの衝動である友愛、自由、平等をもたらします。しかし、すでに別の機会に一度申し上げたように、フランス革命においては、人類の進化に逆らう形で、この三つの原則、友愛と自由と平等が現れました。人類の進化を考えるのであれば、友愛と自由と平等を、人間本性の三つの部分と結びつけて考察する必要があります。人間の物質上の共同生活に関しては、人類は次第に意識魂の時代において、友愛にまで達することができなければなりません。もしも意識魂の時代である第五後アトランティス期の終わりに、社会の中で、友愛が高度に育成されなかったとしたら、人間は言葉で言い表すことのできぬほど不幸になり、人類の進化を逆行させることになるでしょう。

　しかし友愛とは、物質生活の中で人体と人体とが互いに協力し合えるようになる、ということです。人間の魂について言えば、友愛ではなく、自由が問題になります。もしも自由が外的な物質の次元で実現できると思うとしたら、間違ってしまうでしょう。魂から魂へと、自由が生かされていくのです。何もかもごちゃまぜにして、人生の中に自由と平等と友愛を見出そうとしてはなりません。人間は、体と魂と霊から成る存在です。人間の魂が自由になろうとするときにのみ、自由が生かされます。そして、霊に関してのみ、平等であることができるのです。私たちに働きかける霊は、どんな人の場合にも、同じ霊です。第五後アトランティス期という意識魂の時代の魂が霊我を求めて努めるとき、初めて霊が共有できるようになります。「死ぬときは、皆同じだ」という諺がありますが、共有される霊は、誰にとっても同じなのです。けれども、魂の中で友愛と自由と平等を区別しないで、ごちゃまぜにして、人は地上で兄弟のように生き、自由で、そして平等でなければならない、と言うのでしたら、混乱を惹き起こすだけでしょう。

　ですから、徴候として考察するならば、フランス革命は、特別に興味深い対象です。大雑把に言えば、フランス革命は、一四一三年から三五七三年までに、それゆえ二一六〇年に及ぶ意識魂の時代に、あらゆる手段を用いて人類が何を発展させていかなければならないのかを、はっきりと示しているのです。身体のために友愛を、魂のために自由を、霊のために平等を実現するというのが、この意識魂の時代の役割なのです。けれども、第五後アトランティス期のこのもっとも基本的な課題が、このような洞察を伴うことなく、騒乱状態の中で一挙にフランス革命の中に現れました。フランス革命では、第五後アトランティス期の課題が正しく理解されずに、ただ三つの言葉として繰り返されました。魂は外の社会の現実と結びつくことができず、混乱に次ぐ混乱を生じさせました。社会の現実と結びつくことなく、魂が社会を求めたのです。第五後アトランティス時代が必要とする内面生活は、理解されずに現れ、ふさわしい外的社会を見出すことができなかったのです。しかし、まさにこの点にこそ、徴候として非常に重要な事実が見られるのです。

　いいですか。未来へ向かって大きく羽ばたくべき事柄が、はじめはほとんど騒乱状態の中でしか現れてこなかったのです。ですから、人類の進化にとって必要な均衡状態から遥かに離れてしまったのです。人類を創造したヒエラルキアの意図から遥かに離れてしまったのです。天秤の竿《さお》がひどく傾いてしまいました。フランス革命によって、ルツィフェル的＝アーリマン的に、烈しく一方に竿が傾いてしまったのです。特にルツィフェルの方向に、です。このことは、反作用を惹き起こします。イメージ的に、象徴的に語るならば、フランス革命において生じた事柄の中では、第五後アトランティス時代の魂のための社会的な基盤を見出すことができないのです。その魂は受肉すべき体を失っているのです。

　その魂は、抽象的になり、ひたすら魂だけにされています。体を求めているのですが、ふさわしい体を見出すためには、数千年、あるいは少なくとも数百年の時間が必要なのです。進化の天秤の皿が傾いてしまったので、反作用が生じます。そうすると、どうなるのでしょうか。もう一方へ傾くのです。フランス革命の騒乱状態のすべては、人間の進化のリズムに反して、別の方向に傾いたので、中間の均衡状態においてではなく、アーリマン的＝ルツィフェル的に、すべてが「非個人的な要求」に応えるようにされてしまったのです。そして、時代の魂はナポレオンという体を見出しました。このことはもう一方へ傾いたことの現れです。七年間の支配期間、一四年間の栄光とヨーロッパの不安、七年間の没落。最後の七年間のナポレオンは、最初の一年間だけヨーロッパをもう一度不安に陥れました。この経過は厳密にリズムに従っています。最初の七年、次に七年プラス七年、最後の七年です。七年が四回繰り返されています。

1×7＋2×7＋1×7　Napoleon

これまで私は、ナポレオンの魂を見つけ出そうと、いろいろ試みてきました。すでにそのことについては、時折お話ししたことがあります。こういう魂の研究を、霊学の方法で、いろいろと試みることができます。ノヴァーリスの魂の前生については、すでに研究してきました。そのようにしてナポレオンの魂を、死後の世界の中に見つけようと試みていますが、まだ見出すことができません。たぶん見出せないでしょう。なぜなら、彼の魂は死後の霊界には存在していないようだからです。このことは、ナポレオンの人生の謎なのです。ナポレオンの人生は、時計の針のような経過を辿り、七年ごとのリズムに従っています。彼の人生は、ジェイムズ一世の人生の正反対の在り方をしていますし、フランス革命の抽象的な特徴ともまったく違っています。フランス革命は体のない魂であり、ナポレオンは魂のない体なのです。このナポレオンの体は、時代のすべての矛盾を引き受けています。革命とナポレオンという奇妙な結び合わせの中に、近世史の特徴の最大の謎のひとつが秘められているのです。

フランス革命というひとつの魂が地上に受肉しようと望みながら、ふさわしい身体を見出すことができず、一八世紀の革命家たちの中で騒ぎ廻っています。しかし、どうしても身体が見つかりません。そこに外からひとつの身体が近づいてきます。この身体は、魂を見出せずにいるナポレオンの身体なのです。

皆さん、このような場合、単なる興味本位の思いつきや推量では、どうにもなりません。歴史の発展の重要な諸衝動をそこに見なければなりません。そしてそれには、徴候を考察しなければならないのです。この機会に私は皆さんに、霊学研究の成果をお話ししようと思います。しかし、これから皆さんにお話しすることは、もちろん、少し言葉を換えれば、歴史のあらゆる場合についても言えます。

近世史の徴候を追求していきますと、静かな歩みを続けていくように、イギリスの本質が発達を遂げていくのが分かります。一九世紀のイギリスは、その世紀の終わりになるまで、かなり一定した状態で、自由主義の理想を実現させていました。フランスの本質は、より激動的に発達していきます。一九世紀のフランスの歴史事象は、先行するものと後続するものとの関係がどうなのか、理解し難いような在り方をしています。動機がはっきり見えないのです。動機がないことが一九世紀のフランス史の主要な特徴です。これは非難ではありません。共感、反感なしに申し上げるのですが、これが特徴なのです。

この近世史の諸徴候の複合した経過を洞察するためには、より外的に――魂的＝内的に見えても、どこか外的なところがある、と昨日申し上げました――、より外的な仕方で別の働きが作用していることに眼を向けなければなりません。その際大切なのは、意識魂の時代に到ったのを感じとることです。以前にもある人びとがそのことを予感していました。その人びとは、人格が解放される時代が来た、と感じました。しかし、はじめ、その時代は非生産的な在り方しかできず、自分からは何も生み出すことができませんでした。社会生活、歴史生活に働きかける精神が生産的でないので、昔からのものが生き続けなければなりませんでした。

皆さん、それは意識魂の時代に先行する「十字軍」の時代の時代衝動のことです。なぜ人びとは東方へ、聖墳墓へ駆り立てられたのでしょうか。なぜなら、意識魂の時代にふさわしい新しい理念が見出せなかったからです。当時の人びとは、古くから伝えられたものの真実に出会おうとしたのです。エルサレムへ向かったのは、ローマとは別の仕方で古いものを見出し、それを発展させるためでした。十字軍と共に意識魂の時代が到来するのですが、はじめの間この時代は非生産的になる、と人びとは予感しました。この十字軍の時代に、昨日述べたテンプル騎士団が生まれますが、フィリップ美王（一二六八―一三一四年）がその息の根を止めてしまいます。しかし、テンプル騎士団と共に東洋の秘密がヨーロッパに伝わり、そしてヨーロッパの精神文化に移植されます。フランスの王フィリップは、テンプル騎士団員たちを処刑させて財産を没収しましたが、テンプル騎士団の衝動は数多くの通路を通ってヨーロッパの生活の中に流れ込み、働き続けます。その衝動は数多くの秘教結社を通して働き続け、さらにふたたび顕教の世界に働きかけて、次第にローマの敵対勢力に育っていきます。ローマの勢力は、はじめは単独で存在していましたが、次いでイエズス会と結びつきました。しかしその一方で、キリスト教の要素と深く結びついて、ローマとは異質なもの、ローマに対立的なものが現れます。それはローマからも敵と感じられました。ローマに発する暗示的な普遍衝動に対して、昨日述べたように、人びとは東洋的＝グノーシス的な教義と観点、象徴と祭祀を対比させたのです。それらはヨーロッパの中に本質的に移植されましたが、このことを実現させた本来の衝動は何だったのでしょうか。

　時代が意識魂を必要としたのに、ローマは意識魂に対抗する暗示的な文化を保護しようとし、それがこんにちまで続いています。時代精神が悟性魂＝心情魂から意識魂に移るのを妨げるその暗示的な文化は、世界の進歩に反対するローマ本来の戦いの手段なのです。ローマは悟性魂＝心情魂の時代に留まろうとします。一方、人類の進歩は、意識魂へ向かって前進していきます。

　けれども他方において、意識魂へ進んでいくとき、人類は非常に不愉快な状況に追い込まれます。意識魂の時代のはじめの数世紀間、そして、こんにちに到るまで、たいていの人はこの状況を不愉快だと思っています。人間は自分自身だけを拠りどころにしなければならず、みずからの人格を解放しなければならなくなります。意識魂の時代はこのことを要求しますから、人間はすべてのこれまでの拠りどころから離れなければなりません。何かを信じさせてくれるものの暗示を受けることは、もはやできません。信じようとするのなら、自分でそのことを確かめなければなりません。人びとは、意識魂の時代になったとき、このことを危険なことだと思いました。本能的に人びとは次のように感じました。——人間はこれまでの支柱を失ってしまう。新しい支柱を見つけなければならない。

　しかし他方において、人びとは言います。——何もしなければ、何かが生じることはない。一つの可能性は、意識魂に自由を求めさせ、進歩への衝動を自由に発揮させることです。そしてもう一つの可能性は、悟性魂＝心情魂に意識魂の衝動を抑圧させることです。ローマがそのために大きな役割を演じます。しかしそうなれば、人間は意識魂にまで向上せず、霊我へ到ることもなく、本来の進化への可能性を見失うことになるでしょう。このことは本来の進化を妨げるさまざまな場合の一つにすぎません。

　さらに第三の可能性がもっと根本的なところで働きます。意識魂衝動とローマの影響力との間で右往左往しないために、そういう衝動をすべて抹殺してしまおうとする働きです。右往左往しないために、ローマの側よりもさらに徹底して、自分の努力を完全に否定してしまうのです。自分の前進しようとする衝動を抑圧して、みずからを古い力に支配させるのです。その古い力を人びとは東洋から持ち込みました。とはいえ、もともとそれは、別の意図の下で秘儀に参入したテンプル騎士団員の持っていた力です。しかしこの力は、その尖端を折り取られたあとで、つまりテンプル騎士団がフランス王フィリップ美王から受けたような扱いを受けたあとで、アジアから持ち込んだ文化の要素だけを残していたのです。しかしはじめは、その尖端を折り取られていましたが、その文化の伝統は個々の人間のもとに残っただけではなく、歴史の中に、歴史世界の中に残ったのです。すでに述べたように、テンプル騎士団員が持ち込んだ本来の霊的な内実は、数多くの通路を通してさまざまにテンプル騎士団員から流れていきました。

一体それはどんな内実だったのでしょうか。それは本質的には、第三後アトランティス期の内実だったのです。カトリック教会は第四後アトランティス期の内実をもたらしました。そして、レモンから汁がしぼり出されるように、第三後アトランティス期の霊の内実からしぼり出されたもとのものは、フリーメーソンとして、スコットランド系もしくはヨーク系のロッジとして、または英語圏の諸民族の偽りの秘教として生き残りました。これらは汁をしぼり取られたレモンのようなものですが、しぼり取られた後も、第三後アトランティス期であるエジプト＝カルデア期の秘密を含んでおり、諸衝動を意識魂の生活の中へ送り込むために用いられます。それらの中に、もっとも悪しき意味で未来へ向かう進化の過程に似ているような何かも生じます。どうぞ前にも述べた、以下の事柄を思い出してみて下さい。私は以前、七つの時代の進化について次のように述べました［図5参照］。この始めのところでアトランティスの破局が生じました。

　後アトランティス期は、1と7、2と6、3と5が対応しています。そして中央が4です。進化の在り方は、第四期が単独で存在し、中心に位置しています。第三期の特徴は、より高次の段階で、第五期にふたたび現れます。第二期の特徴は、より高次の段階で、第六期にふたたび現れます。第一期の古インド期にあったものは、第七期にふたたび現れます。このような関係が現れるのです。

　意識してこの関連を把握していた人物たちがいた、と以前に述べたことがあります。例えば、ヨハネス・ケプラー（一五七一－一六三〇年）のような人物です。彼が第五後アトランティス期に三つの「ケプラーの法則」を通して宇宙の調和を明らかにしようと試みたとき、彼は、「私はエジプト人の青銅の容器を伝えるのだ」と言い、第五後アトランティス期の人間の中に第三後アトランティス期の内実がふたたび現れるのを意識していました。ですから、ある意味でエジプト＝カルデア期のエソテリズム、祭祀が伝えられたとき、第

［図5］

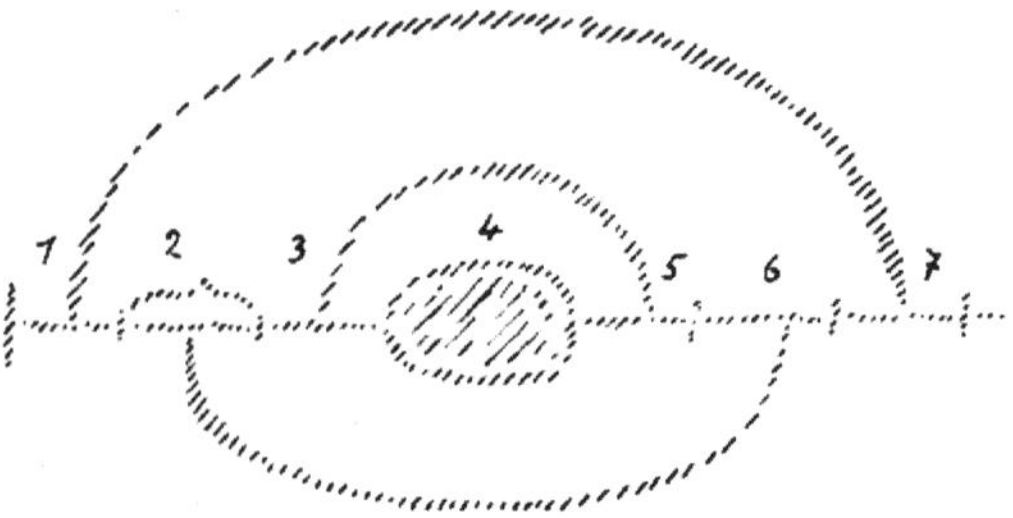

五後アトランティス期の世界の中に何かそれと似たものが生じるのです。

しかしこの古い伝統は、その暗示力で意識魂からその独立性を失わせるだけでなく、意識魂本来の衝動そのものを弱め、麻痺させるためにさまざまに利用されました。意識魂を眠り込ませることがこの側面からさまざまに試みられました。

ローマ——私はこの言葉を象徴として用いていますが——、ローマは香をたき、そして人びとを眠りに誘い、夢を見させます。人びとを、人びとの意識魂を、完全に眠らせます。このことは近代史の発展にも影響を与えています。一方では友愛、自由、平等が騒然と鼓吹され、そして他方では、第五後アトランティス期の人びとにその友愛、自由、平等を実現させるための洞察を与えまいとする衝動も存在しているのです。さまざまな教団が意識魂を目覚めさせまいとすることによって、特定の人物だけが自分の意識魂の目覚めを自分のために役立たせようとしています。

この二つの流れは、近世史の経過全体を通して、互いにからみ合って存在し続けます。

こうして一八世紀から一九世紀初頭に到るまでに、一つの事柄が用意されます。ほぼ一九世紀中葉に到るまでに、まず人格解放の声が高まりました。多くの流れが存在するとき、事柄はうまく継続しないで、盛んになったり衰えたりします。……国民的な基盤の上に、そして、すでに述べたヨーロッパ西部の諸衝動から、人格の解放運動が生じ、それが国民的なものから一般人間的なものへと発展していきます。

ただその発展は、正常な、自主的な在り方をとることができません。特にイギリスにおいて、あの教団たちの反動的な流れが社会生活全体に恐るべき影響を与えますが、その恐ろしさは、常識では想像もつきません。発展が不可能にされるのです。ですから、リチャード・コブデン（一八〇四―六五年）やジョン・ブライト（一八一一―八九年）のような特殊な人物が現れてきます。彼らは一方では人格解放の衝動に突き動かされ、世界的な規模で、人格による国民主義の克服を実現しようとします。もしそれが近世史の発展に役立ちえたなら、政治的に最大限の意味をもちえたでしょう。しかし、彼らの作用は、地域に限定されてしまいます。実際、この二人は自由主義の原則としての不干渉の原則を島国の中においてしか妥当させませんでした。これは重要な原則でしたが、生じるや否や、第三後アトランティス期の衝動によって完全に排除されてしまいました。一九世紀中葉までは、西方から「自由主義」もしくは「自由な立場」と呼ばれるものが生じます。これは政治の分野において、一八世紀の「政治的啓蒙主義」、一九世紀の「政治的自由主義」と同じ立場ですが、一九世紀も七〇年代以降になると、この立場は次第に力を失い、死滅してしまいます。

まだ一九世紀の六〇年代には、いたるところで見ることのできた自由《リベラル》の要素は、現実生活においては次第に背後に退いてしまいます。そして、その代わりに別のものが現れます。

こうして私たちは近世史の重要な諸徴候に近づきます。皆さん、こういう状況の下で何が生じなければならなかったのでしょうか。上方へ向かう盛んな動きである自由化の動きが、意識魂の衝動として、しばらく続きました［図6参照］。

しかし、この方向［赤］は、ふたたび他の方向［青］へ向かいます。これが自由主義の反動になって現れます。このことを考えてみましょう［下方の矢印］。自由主義が生じたのは、その代表者たちが、自主的な態度で、すでに述べた地球の触手［物質衝動のこと］に反抗したからです。この人たちはその触手から逃れ、とらわれることなく、一般人間的な考え方に立ちました。しかし、もう一つの要素が近世史の生成の中に現れ、そして非常に弱体化したこの自由の理念を次第に自分のほうへ引き寄せたのです。

すでに一九世紀中葉の頃、政治の地平では、自由の理念が信じられなくなりました。それでもなお自由の理念を掲げた人たちは、多かれ少なかれ、政治思考の傷病者となってしまいました。後の時代の自由党はその稚拙な模倣者にすぎません。

［図6］

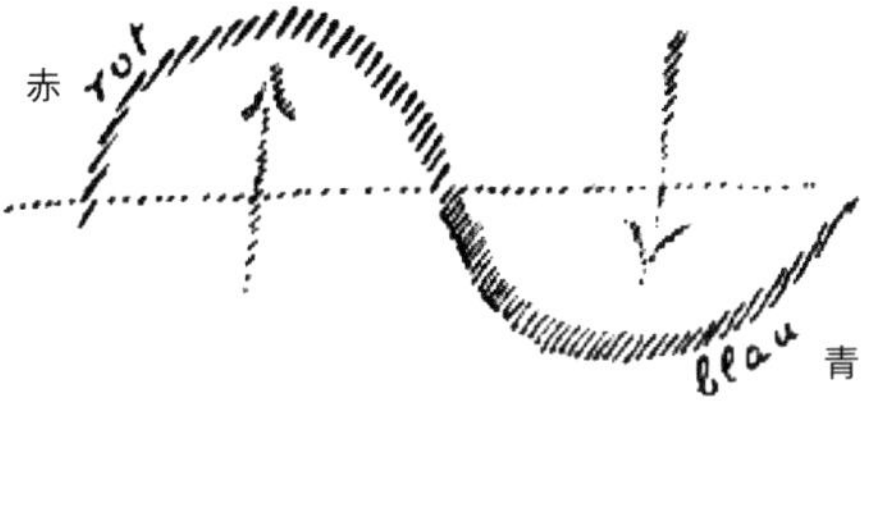

一九世紀中葉以降、西方のあの教団や秘密結社による働きの成果［社会主義のこと］がますます有力になってきたのです。その結果、意識魂そのものが眠り込まされました。もはや魂も霊も働こうとはせず、外なる感覚的＝物質的世界に存在するものだけが有効に働くようになりました。そのような状況の中で、一九世紀中葉から自覚的な社会主義のありとあらゆる形態が現れました。

皆さん、社会主義は霊的な立場からのみ有効に活用することができるのです。死せるものだけに通用する偽りの霊、仮面の霊、単なる知性の文化では、社会主義を生かすことはできません。まずフェルディナント・ラッサール（一八二五―六四年）がそのような死の科学と格闘しました。しかし、マルクスとエンゲルスは、この死の科学をさらに発展させました。社会主義は理論として実践的たらんと努めてきたのですが、その実践を正しく行うことができませんでした。なぜなら、社会主義は常に理論の立場に立ち続けたからです。こうしてこの社会主義は、近世史上もっとも重要な徴候の一つとなりました。ですからここで、この社会主義のいくつかの特徴を取り上げておこうと思います。

近代社会主義を特徴づける三つの原則、もしくは信念があります。社会主義は、第一に唯物史観に基づいています。第二に経済関係においては剰余価値説に基づいています。第三に階級闘争の理論に基づいています。このことは、こんにち、数百万の人びとの確信になっているのです。階級闘争の理論、剰余価値の発生についての経済学的な考察、唯物論的歴史理論の三つです。明日お話しすることの「下部構造」として、これらの徴候をよく理解しておくために、唯物史観とは何かを、まず明らかにしようと思います。

唯物史観は歴史発展に関わるすべてが、外的な、純物質上の衝動だけから生じる、と説きます。人びとは飲み、そして食べる。飲み食いに必要なすべてをどこからか取ってこなければならない。したがって、お互いに交換し合い、自然自身が生み出さないものを産み出さねばならない。しかもこのことは、人間の進化そのものを産み出している、というのです。

ある時代に、例えばレッシングのような人物が登場します。なぜまさに一八世紀にレッシングが登場したのか。（ここではただ著名な一人を例にとっただけですが）なぜレッシングが登場したのでしょうか。一八世紀には、すでに一六世紀から、しかし特に一八世紀に紡績機械、自動織機などが導入され、はっきりした身分差別が生じました。生じつつありました。そして、ブルジョワとプロレタリアに分かれ始めました。プロレタリアートはまだほとんど現れていませんが、すでに社会の表面下で見え隠れしていました。

しかし、近世の経済生活の経過においては、以前の諸身分の中から市民階級が力を強めました。労働者を従えた市民の生き方は、もはや以前の諸身分を認めようとしません。財の生産、分配、加工を行う過程で、特定の思考方式が生じます。それは市民階級が財を産み出し、加工し、販売するやり方のイデオロギー的上部構造にほかなりません。それが人びとの考え方を規定します。まだ農民であって市民ではなく、自然の中で生きている人は、別の考え方をします。どういう考え方をするのかは、イデオロギーにすぎないのです。実際、問題は財を生産し、加工し、販売するやり方なのです。市民は農民とは異なり、都市の中に詰め込まれていますから、別の考え方をするのです。郷土から離れ、自然を見ません。ですから、考え方が抽象的に傾きます。こうして啓蒙主義者となり、抽象的に神について考えます。しかしそれはすべて、市民となって財を生産することの結果なのです。

私は事柄をやや極端に語りましたが、こういうやり方なのです。こうして一六世紀以来、財が加工され、販売されることによって、レッシングにおいて特に鮮やかに現れているひとつの思考が作り上げられました。レッシングは盛期に達したブルジョワジーの代表者なのです。しかし、このブルジョワジーの背後では、プロレタリアートがびっこを引きながら、あとに続いています。ヘルダー、ゲーテなどなども、このようにして説明されます。すべては上部構造なのです。根本的な唯物論的な立場から生じるものだけが、財の生産と加工と販売から生じるものだけが、本当の現実なのです。

以上が唯物史観です。キリスト教を説明するのなら、まず、西暦始めの時代にオリエントとオクシデントの通商状況が変化したことを明らかにしなければなりません。そして奴隷の搾取が、主人と奴隷との関係がどのように変化したか、これらすべての経済事情の上にどのようにして新しいイデオロギー的上部構造が生じたかが明らかにされなければなりません。この上部構造こそが、キリスト教なのです。以前の場合とは異なる仕方で、食べるものを生産し、食べるために販売するようになった必然性のゆえに、人びとは別様に考えました。西暦の始めに、根本的な経済上の変化が生じたゆえに、キリスト教という、あの根本的な変化がイデオロギー的上部構造に生じたのです。これが一九世紀中葉以降、数百万人の心をつかんだあの信念の第一部です。

　ブルジョワジーに留まっていた人びとは、この立場がどんなに深く広範囲に人びとの心を侵食していったか、まったく考えていません。歴史の理念について、さまざまな歴史の影について語る教授たちの中にも、マルクス主義に惹かれるのを感じる人が出てきましたが、しかし広範囲の大衆を聴衆としているわけではありません。皆さん、これは意識魂の時代でのことです。そして、意識魂の衝動は働き続けます。人びとは、目覚めさせれば、目覚めます。一方で人びとは大衆を眠り込ませようとしていますが、他方で大衆は、眠っている最中に、ふたたび目覚めることを求めているのです。大衆の感覚は純物質世界だけにしか向けられていないので、唯物史観を受け容れます。そして、あの独特な徴候が生じました。

　皆さん、もっとも高貴で、もっとも自由な精神のひとりであるフリードリヒ・シラー（一七二九－一八〇五年）が長いこと賛美され、一般に驚くべき評価を得てきました。一八五九年、彼の生誕記念を祝って、方々に記念碑が建てられました。私が若かった頃、ウィーンにハインリヒ・ダインハルト（一八二一－七九年）という人物がいました。彼はすぐれた著作において、『人間の美的教育に関する書簡』に述べられているシラーの真の思想を人びとに紹介しました。しかし、この著作の版全部が断裁されたのです。著者であるハインリヒ・ダインハルトは身体障害者でした。彼は、私の知る限り、鉄道列車にぶつかり……いずれにせよ、彼は道に倒れ、足を骨折しましたが、全治できなかったのです。軽い骨折だったのに、ひどい栄養不良で、それに耐えることができなかったのです。

　これが一九世紀が、シラーを本当に理解し、人びとにシラーの偉大な思想を紹介しようとした人物に対して行ったことなのです。これは一九世紀の風潮のひとつの徴候にすぎません。皆さん、皆さんはきっとこうおっしゃるでしょう。あるいは皆さん以外の人はこう言うでしょう。――「一九世紀にもさまざまな分野で美しい態度があったのではないのか」。もちろん、そういう例はいくらでもあります。そういう例についても、これからお話しするつもりです。しかし、そういう美しい営みの大部分はすべて、袋小路に陥ってしまうのです。

　これが社会主義の第一の信念です。第二の信念である剰余価値理論については、ほぼ次のように要約できるでしょう。――「近代の生産方式は、財を生産し、加工するために働く労働者たちが、自分の生活力を労働力に変えなければならなくなるように、その労働力を、他の市場商品と同じような市場商品にしてしまった。その結果、社会の中に二つの階級、つまり経営者と労働者という二つの階級が生じた。経営者である資本家は、生産手段をもっている。工場をもち、機械をもち、生産手段に関わるすべてをもっている。これは社会の一方の階級である〝労働提供者〟である。その一方に労働者がいる。労働者は生産手段をもっておらず、もっぱら自分の労働力を市場に提供できるだけである」。

　このような基本的な対立が経営者と労働者の間に存在するのです。資本家である経営者は、生産手段の所有者として、自分の労働力を市場に提供することしかできない、無所有の労働者に相対《あいたい》しているのですが、その結果、労働力である商品に見合った報酬の最小限だけしか労働者に支払わず、残りのすべては、生産手段の所有者である経営者自身のところに、剰余価値として流れ込むことになるのです。市場経済は、全体として、労働者が最小限の報酬だけを受け取り、他の部分が剰余価値となって経営者のところに流れ込むシステムなのです。このマルクス主義の理論は、今、数百万の人びとの信念になっています。

　近代社会における特定の経済構造によってもたらされたこの事情は、人びとを搾取者と被搾取者とに二分しました。一九世紀中葉以来、はじめは小グループで、次に党派として、そして今や数百万人の下で、人びとの心が社会の経済構造をもっぱら搾取者と被搾取者の問題として捉えるようになったのです。事実、今述べた観点を首尾一貫させるならば、「生産手段を個人が所有することは、人類の進化を妨げる。生産手段は公共のものとならなければならない。すべての働く者は、共に生産手段を管理できなければならない」、と人びとが考えるようになるに違いありません。こうして、資本家から生産手段を収奪することが、労働階級の目標になったのです。

　このことは大変重要です。どうぞ現実から遊離した、錆《さ》びついた考え方ばかりしないで下さい。近代の進化を眠ったまま過ごしてしまった市民たちの数は非常に多いのです。こころを錆びつかせてしまった非常に多くの市民たちが、この数十年間の出来事の中で眠ったまま過ごしてきました。そして今でも、「社会民主党員や共産主義者たちは、都合のいい分配にあずかろうとしている。すべての私有財産を公共のものにしようとしている」、としか考えていないのです。こういう人たちは、数百万の人びとが、考え抜かれた未来社会の青写真をもっていることを知ったら、きっとびっくりするに違いありません。こんにちの数百万の人びとは、剰余価値理論をふまえて、生産手段を公共の財にする必要を論じているのです。こんにちの社会主義の活動家やその賛同者は、共産党や社会民主党の主張に対する市民階級の誰かの意見を聞いたら、もちろん笑い飛ばすことでしょう。

　なぜなら、こんにちの社会主義者は、私有財産の社会化ではなく、生産手段の社会化を目指しているのですから。重要なのは生産手段の共同管理なのだ、と考えているのです。こんにちの労働者は、個人による生産手段の所有の中にこそ腐敗を見ているのです。生産手段をもたない人は、生産手段をもつ人の手中にあります。ですから、近代における社会闘争は、本質的には生産手段をめぐる闘争なのです。しかも、闘争は必ず存在しなければなりません。なぜなら、進化するものはすべて闘争によって進化するというのが、社会民主党の第三の信念なのだからです。

市民階級は貴族階級を克服することで歴史の表舞台に現れてきました。労働階級は、かつて市民階級が旧貴族階級に対してとったのと同じ態度をとることによって、歴史の表舞台に現れて、生産手段の管理を闘いとろうというのです。すべては階級間の闘争なのです。人類の進化は、ある階級が他の階級に克服されることによって生じるのです。

以上の三つの観点、第一に、人類を時代から時代へと前進させていくものは、物質衝動だけであり、他のものはすべてイデオロギー的上部構造にすぎないこと、第二に、本来の社会的腐敗である剰余価値は、生産手段を共同で管理することによってのみ克服されうること、第三に、生産手段を共有する可能性は、市民階級が旧貴族を克服したように、労働階級が市民階級を克服する可能性にほかならないこと、……以上の三点が次第に社会主義運動となって、文明社会全体の中に浸透していったのです。

そしてその一方、ここ数年間の重要な歴史的徴候は、残存する貴族たちも、残存する市民たちも、ベッドの上で休んでおり、せいぜい分配とか共産主義とかという決まり文句を聞きかじっているだけだ、ということです。そしてその決まり文句も、多くの場合、歴史書の巻末の長い註として述べられているにすぎません。しかも、その註もめったに見当たらないのです。ですから、実際に起こっている事柄の前で、眠り込まされている始末なのです。

その結果、今、この四年間（第一次世界大戦）の非常に困難な状況の下に、何人かの人が、いくつかの事柄に眼を向け始めました。もしもこの四年間の出来事が生じなかったなら、人びとは何も考えずになおも眠り続けたであろう、というのは、決して勝手な思いつきなのではありません。毎年新たに数千、数万の人が今述べた社会主義の観点に立つようになったこと、そしてついに、人びとが火山の上で踊り始めたことに、人びとはまだ気づこうとしていません。私たちが火山の上で踊っていると思うのは不愉快なことですから、そんなことは考えたくないのです。しかし、火山は爆発します。そしてその上で踊っている人たちを生き埋めにするのを避けたりはしません。

以上で近代史の徴候の重要なひとつを取り上げました。皆さん、この社会主義の信念は、近代史の徴候の重要なひとつなのです。それはひとつの事実であって、単なる理論にとどまるものではないのです。現実の力なのです。

私はラッサールやマルクスの出来上がった理論に価値を置いているのではありません。今述べた三つの観点から結論づけた事柄を自分の理想として選んだ何百万の人びとがいる、という事実に価値を置いているのです。

けれども、このことは、近世史の基礎であると申し上げたあの「国民的なもの」と根底から対立しています。国民的なものからは、いろいろな展開が見られました。一八四八年、カール・マルクスが労働階級の宣言を発表したとき（そこには今述べた三つの観点が本質的にすべて含まれていました）、労働階級の方向が、「全国の労働者よ、団結せよ」という言葉で提示されました。そして、地球上のどんな労働者の集会も、国際的革命的な社会民主主義、共和主義的な社会民主主義のための「万歳！」で終わらないことは、ほとんどなかったのです。これは国際的な原則でした。こうして普遍理念をもつローマ・カトリック教会のインターナショナルと並んで、社会主義のインターナショナル（労働運動の国際組織）が現れました。これはひとつの事実です。実際、数百万の人びとのつくり出した事実なのです。このことを知っておくことが大切です。

明日、近世史のこの徴候学のクライマックスとして、これまでの諸徴候を辿るための道筋を取り上げ、認識の壁を打ち破って現実を直視できるようにしたいと思います。しかし現実を直視する上で、なお解き難い問題がいくつも残されています。

皆さん、事柄がどういう方向を辿っていったか、事柄がどのようにしてぎりぎりのところに行き着いたかを感じ取って下さい。解き難い、いろいろな問題がそこにはあります。一九世紀において、イギリスでは、自由化へ向かう議会の方向が比較的静かに発達していきました。フランスでは、政治状況が騒然としており、行動の動機も曖昧です。東方へ行くに従って、国民的なものが、昨日述べましたように、さらに大きな役割を演じていますが、……しかしその際、解き難い歴史諸問題が生じます。そして、このこともまた、徴候なのです。

もちろん、深く考えない人は、すべてを解決できると思っています。すべては説明のつくことだと思っています。抽象的に理解するだけでしたら、当然解決できますが、私は現実を問題にしているのです。そのような解き難い問題のひとつは、一八七〇—七一年に西部と中部と東部のヨーロッパでつくられた、いわゆる「アルザス問題」です。もちろん、聡明な人びとは、一方の国がもう一方の国を占領してしまえば、この問題を解くことができる、と考えます。アルザスに関しては、ドイツ側もフランス側も、長い間そう考えてきました。しかし、もしもそうしたくないならば、住民投票を行えばいい、と考えます。多数派が決定する、というのは簡単なことだからです。聡明な人は、そうすればいい、と提案します。しかし、現実に立脚する人、個々の時点を見るだけでなく、時代状況を現実として受け容れる人、時代の流れの中で発展していかなければならない問題を短期間に解決することはできない、と考える人、現実に立脚して考える人は、それが解き難い問題であることを知っています。

ヨーロッパの発展を辿ろうとする人たちが一八七〇年代にこの問題について考え、書き、そして語ったことを読んでみて下さい。こころの眼の前にはっきりと見えたのは、そこに生じてくる事柄によって、ヨーロッパの未来に特殊な条件がつくり出された、ということでした。東方全体に訴えかけなければならない事態が西方に生じるであろうことが見えていたのです。

その当時、何人かの人は、西方が中部ヨーロッパとは別な仕方で問題を解決しようとすると、スラヴ問題が世界問題になってしまうことを知っていました。問題がどこにあるのかを、今は暗示するだけにとどめますが、昨日取り上げた三十年戦争のような、明白な徴候が私たちに示しているのは、歴史においては、後に続く事柄がそれに先行する事柄の結果ではありえないということです。まさに三十年戦争がこのことをよく示しています。三十年戦争の勃発以前にあった事柄は、戦争の終わりに生じた事柄と同じなのです。しかし三十年戦争は、そのとき生じた事柄が原因で始まったのではありません。原因と結果を論じても始まらないのです。

この三十年戦争の徴候と同じものがアルザス問題にも見られます。そして、近世史の多くの問いに対しても、同じことが言えるのです。すなわち、事柄が生じても、それが解決へは向かわず、解決不能な方向へ向かうのです。ますます新しい葛藤を生じ、袋小路に陥るのです。このことを意識しておかなければなりません。いろいろな問題が人生の袋小路へ向かっています。

ですから、世界の出来事については、皆が同じ意見をもつことはできません。ヨーロッパの異なる地域に生きているときには、互いに別の意見をもたざるをえないのです。人びとが解き難い問題をつくり出すというのは、近世史によく見られる徴候なのです。

すでに私たちは、近世史の発展の特徴をよく示している一連の現象を学びました。非生産的であること、国家衝動のような、非生産的な共同体理念が生み出されたこと。そしてその間に、意識魂の衝動が絶えず現れています。それに加えて、袋小路に陥ること、いたるところで袋小路に陥ることが特徴的になってきます。なぜなら、こんにちの政治交渉の議題となっている事柄の大部分、人びとが取り組んでいることの大部分は、袋小路へ向かっているのですから。

そしてさらに特徴的なことには、進化していくべき私たちの意識を低下させようとする試みが繰り返されています。なぜなら、いわゆるプロレタリアートの実状に対して、いわゆる教養ある社会層の場合の意識の低下くらい特徴的なことはないからです。人びとはせいぜい外側を見ているだけです。主婦はお手伝いの少女を叱りつけ、あれこれのことをやろうとしないと言いますが、こんにちでは工場労働者だけでなく、お手伝いの少女もマルクス理論に通じていることを考えてみようともしません。人びとは、一般人間的な事柄をあれこれ語りますが、私たちが個々の人間に本当に関心を寄せることをせず、個々の人間に配慮しようとしないなら、そういうことは空論でしかありません。ですから、この上なく重要な事柄が今、人類の発展の中に生じていることを知らなければなりません。深刻な事態に本当に向き合うのでなければなりません。

今日は、なんらかの社会理論を取り上げるためではなく、近代史の徴候を明らかにするために、改めて社会主義のこの徴候を皆さんのこころの前に提示しなければなりませんでした。

明日もこの考察をさらに続けて、典型的な個々の場合に、それがどのような現実を生み出しているかを述べようと思います。

第三講

一九一八年一〇月二〇日

以上、近世史における徴候的な事件のいくつかを取り上げました。もちろん、いくつかでしかなく、そのすべてを取り上げようとしたら、きりがありません。いたるところで限りなく多くの問題が現れてきます。もっとも重要な事件に限っても、問題がいくらでも拡がっていきます。徴候としての地域問題を取り上げるように、という要望があると思いますが、特にスイスをめぐる諸徴候については、来週のいつかお話しして、スイス史をパノラマ的に展望してみようと思います。

今日は、これまでの考察を、さらに続けようと思います。昨日は、近世におけるもっとも重要な徴候のひとつである社会主義が、近世史の発展にどのような働きをしたか、非常に不十分ではありましたが、この点をイメージできるように試みてみました。

進化する真の動因を知ろうとする多くの人にとって、この社会運動、というよりは社会主義運動がすべてをその輝きで覆ってしまい、それに比肩するほどのものが見当たりませんので、近世史に及ぼした本当に重要な影響に関して言えば、十分に顧慮されずに来ています。近代の諸動因を探求しようとするときにも、霊的な種類の動因に注意が向けられることはありませんでした。

昨日述べた意味で近代史の過程を眠って過ごしてきた人びと、特に一九世紀末から二〇世紀にかけて、時代の衝動に無関心だった社会層の人びとは、「近代史の衝動としてどんな徴候が現れたのか」という問いに、はじめから答えようとはしていません。旧身分に属する歴史家たちは、支配者の家系や戦争やせいぜいこれらに結びついた諸事象だけを取り上げてきました。文化史も書かれましたが、ヘンリー・トマス・バックル（一八二一―六二年）からフリードリヒ・ラツェル（一八四四―一九〇四年）までの文化史は、真の歴史的動因に眼を向けようとしていません。

これらすべてと並んで、もちろんプロレタリアートの場合に、新しい多くの教養衝動が、昨日述べた方向へ向けてますます普及していきました。この衝動は、昨日述べた三つの問いを提示しました。しかしこのプロレタリアートの内部では、歴史生成のより微妙な関連に眼を向けようとする意志が見られませんでした。ですから、自然科学的思考方式の歴史的意味が、歴史の徴候として十分に取り上げられることがなかったのです。

もちろん、近代的思考の形成との関連で、自然科学の思考方式について、その思考内容について多くが語られてきました。しかし大切なのは、国家衝動とか解決しがたい政治問題の累積とかと同じ意味で、自然科学的思考方式がどのくらいまで歴史的徴候と見なせるかを問題にすることです。

実際、意識魂時代の始めから、自然科学的思考方式は、広範囲の層にますます普及していきました。自然科学を学んだ者だけが自然科学的に思考すると思ったら、間違いです。むしろ、逆が正しいのです。自然科学者たちが、こんにちの人と同じように自然科学的に思考するのは、文明社会の大多数がそのような考え方をしているからであり、もっとも日常的な行為においても、農夫も工場労働者も財政家も、それぞれの仕事場で、自然科学的に思考しているからなのです。ですから、自然科学そのものも、次第にこのような自然科学的思考を行うようになってきました。

ですから、この点で人びとの想像力の中で逆立ちしていた事柄を、ふたたび元通り両足で立てるようにしなければなりません。自然科学者や一元論的空想家の思考方式にではなく、大衆の思考方式に眼を向けなければなりません。実際、自然科学は、ローマ＝カトリック的な普遍衝動に対抗するのに十分なほどの衝動の力を生み出せないでいます。しかし文明社会の人びとの、自然秩序に従った考え方は、対抗衝動となり得ています。私たちは、この衝動を徴候として、近世の発展全体と関連づけて考察できなければなりません。

皆さん、学校で学んだ歴史は、近世をアメリカの発見、火薬の発明、印刷術の発明などから始めるのが普通です。たしかにアメリカの発見、印刷術などの徴候は、人びとを世界への発見の旅に誘い、伝統的な知識を一般大衆の手に委ねました。しかし基本的にそれらは、ヨーロッパ文明の内容を、その後数世紀の間、何も変えなかったのです。さまざまな地域で復活した昔の政治衝動は、昨日と一昨日にお話ししたような在り方を続けており、発見の旅で何か大切なことを行おうとはまったくしませんでした。昔の政治衝動がやってみせたことは、発見した国々において、昔、別の地域で行ったような、征服と略奪だけでした。征服した土地から金を持ち帰り、もっと金持ちになろうとし、印刷術の分野では、ますます検閲を厳しくしていったのです。……

この古い政治勢力は、「一貫した衝動」とでもいうべきものを何も近世から取り出すことができませんでした。自然科学的思考方式が若干の出来事を生じさせたとき、この思考方式がまだ科学的とはいえない発明、発見と結びついたとき、そのとき初めて近世史の真に重要な衝動が始まったのです。

植民地運動があれほど多くの国から生じたことは、近代自然科学の成果なしには考えられません。自然科学による技術の開発だけが、近代植民地政策を可能にしたのです。自然科学研究の諸成果だけが、地球を征服して、植民地を限りなく拡大していくことを可能にしたのです。植民地化は、基本的に一八世紀になって、自然科学が技術上の成果を達成するようになってから、大規模に展開しました。

このときから「機械の時代」が始まりました。機械の時代は、自然科学が技術を開発したときに始まりました。それは、地球全体の植民地化を可能にしましたが、それと同時に、意識魂による近世史の発展にとってひとつの非常に重要な衝動が始まりました。

今述べている事情を洞察する人は、地球全土を植民地化しようとする動きがまさに意識魂の時代にふさわしい、と考えるでしょう。三千年紀の霊我の時代になるまでのこの意識魂の時代は、地球全土にわたって、これまでとは違った様相を人類に生じさせるのです。そしてこの新しい様相は、地球全土の植民地化から始まるのです。

いいですか、意識魂時代の人類は、いわゆる文明人という高度に文明化された人間と、まったく野生的な人間とを見出しました。……ジャン＝ジャック・ルソーは野生的な人間の野生味に心を奪われて、野生的な人間の理想について一連の考察を行いました。人間のこの二つの区別そのものは、意識魂の時代の経過の中で消えてしまうことでしょう。それがどのように消えていくか、その細部の考察はもちろん、こんにち行うことができません。しかし、昔からあったこの区別を本質的に解消することは、意識魂の衝動のひとつなのです。

このことが分かれば、アメリカの南北諸州の争いのような戦争（一八六一―六五年）が、近世のいとなみとして、正しい関連の下に考察されうるのです。そしてこのことをふまえて、意識魂時代の範囲内での植民地運動の比重の重さに注目するならば、この分野で生じる個々の徴候の全体的な関連が見えてきます。植民地化運動は、人びとの自然科学的な思考なしには考えられません。

さて、自然科学的に思考するということ、第五後アトランティス期である意識魂時代の観点から人類進化の真の現実に眼を向けようとするときには、そこに注目すべき事実が存在しています。この近代自然科学的思考方式は――すでに十分に特徴づけてきたように――、現実の中の死の部分、幽霊の部分だけを把握できます。いたるところで死せるものだけを取り上げます。この重要な事実について、よく考えてみて下さい。

近代自然科学の思考方式は、観察から実験へ向かいます。あらゆる分野において、観察から実験へ向かうのです。自然観察と実験による認識の間には、重要な相違があります。自然観察は、ニュアンスの違いはあっても、古来どこでも行われてきました。自然を観察する人は、常に自然と結びついていました。観察者自身が自然の中で生き、自然の生命を共に生きていました。ところが、自然との共生を一定の仕方で不可能にさせる事態が生じたのです。

自然と共に生きることと、意識魂の新しい意味で自然を認識することとは、両立できないのです。眠ることと目覚めることとを同時に行うことができないように、そうすることができないのです。自然と共に生きようとするとき、ある意味で自然によって麻痺させられなければなりません。自然の秘密に参入することができずにいる間は、眠らされ、麻痺させられるのです。ですから、認識から自然の秘密が抜け落ちます。

　自然の秘密に参入しようとするなら、超感覚的な領域で目覚めなければなりません。しかし、麻痺させられているときには意識魂を働かせることができませんから、近代自然科学は、本質的に観察するのをあきらめて、すべてを実験によって得ようと努めるようになります。生物学の分野でも、人類学の分野でも、実験を行おうとします。

　しかし、実験するときの主要行為は、実験を関連づけ、観察の仕方をはっきりさせるということです。例えば、胎生学を実験によって調べるとき、事柄を互いに関連づけるのですが、その関連は自然の働きによるのではなく、人間の知性によって決められます。ですから、先程述べたように、その関連が自然から引き離されて、人間の内部において保証されるのです。

　実験によって自然を認識しようとすると、自然を殺すしかないのです。しかし、実験によって手に入れるものだけが、技術に応用できます。自然認識を実験という廻り道を通して深めるときにのみ、この自然認識を技術に生かすことができるのです。かつて社会生活に導入された自然認識は、まだ技術とは呼べません。ある実験の成果を社会秩序や、その社会秩序に役立たせようとするのではないのに、それを技術と呼ぶとしたら、あまりにも大雑把な態度になってしまいます。

近代人は実験の成果を社会秩序の中に、技術として、死せるものとして採りいれました。このことが近代の本質なのです。私たちは死せるものを、植民地運動に組み入れるのです。産業のための機械を生産するとき、そして労働者を機械で働かせるときに、そうするのです。

大小さまざまな地域に金融経済を導入するとき、私たちは近代社会の秩序に死せるものを組み入れます。近代人が本能的に、近代自然科学の範例に従って社会秩序を形成するときも、その秩序に死せるものを組み入れます。人間の共同生活の中に自然科学を組み入れるとき、私たちは死せるものをこの共同生活に組み入れます。死せるもの、みずからを殺すものを、です。

これこそがもっとも重要な徴候のひとつなのです。私たちは近代の偉大な成果について、自然科学の業績について、技術や社会生活に及ぼしたその影響の大きさについて、いくらでもまじめに、真剣に讃美することができます。しかし、これら近代の成果について語るだけでは、真実の半分しか語っていません。なぜなら、その結果、内部から発展していくことのできない、死せるものを近代生活の中に組み入れたのですから。

一五世紀以降、近代文明社会の発展に働きかけた最大のものは、それ自身だけでは自己を死へ追いやるしかないものです。そうでなければならなかったのです。

もしも近代技術が死の萌芽でしかないのなら、なぜそのような近代技術が現れたのでしょうか。近代技術が現れたのは、機械や産業が人間に必要だからではなく、それとはまったく別の理由からなのです。それが死へ追いやる性格があるからです。なぜなら、機械という死の文化の中に置かれたときにのみ、人間は反作用によって意識魂を発達させることができるからです。

機械を生産することなく、自然との共同生活の中にひたっている限り、人間はある程度麻痺させられて、暗示を受けやすい状態になっています。死に直面させられていなかったときは、完全に自分に向き合うことができずにいました。自立した意識と死に駆り立てる力とは密接に結びついています。

このことを私は、いろいろな仕方で明らかにしようとしてきました。例えば、ものを考え、認識するときの行為は、人間の生成力と結びついているのではなく、生命の衰退と結びついている、と申し上げました。また、自己意識的に考えることを可能にしているのは、生体における衰退と死の過程であることを明らかにしようと努めました。もしも私たちが脳を飢えさせ、脳を衰弱させ、脳に崩壊過程、破壊過程を生じさせなかったとしたら、賢くならずに、ただよろめき、眠り、夢見る人にしかなりえなかったでしょう。脳を消耗するからこそ、私たちは賢くなれるのです。意識魂の時代は、環境を破壊する機会を人間に与えなければなりません。自己意識的な近代思考は花開く生命過程を通して大きくなったのではなく、近代技術と近代産業と近代金融システムの中で、死の過程が人生の中に組み入れられたことによって、大きくなったのです。なぜなら、このことによって意識魂の働きが促進されたのですから。

このことは他の地域にも見られます。私たちが注目した諸衝動について考えてみましょう。イギリスの場合を考えると、すでに私たちは、議会主義が数世紀にわたって形成され、自立した人格が育成されてきたのを見てきました。人格が拘束を脱し、自立しようとしてきました。人格が同時に社会的な人格であろうとし、まさに人格を意味あらしめようとしてきました。議会主義は、自分の人格を有効たらしめるためのひとつの道だったのです。

しかし人が議会で活躍するとき、自分の意志を投票に頼るなら、その瞬間に自分で自分の人格を否定することになります。自分の意志で投票する瞬間に、人格の働く余地がなくなるのです。よく調べてみると、一五世紀の内乱以来の数百年にわたる英国の議会政治の成熟過程は、このこと以外の何も表していません。

議会生活の出発点を見ると、そこにはさまざまな身分が存在していました。それらの身分は、身分として働くだけではなく、票としても働いていました。

諸身分は演説し、身分としての自己を主張しました。演説することはできましたが、しかし、演説や自己主張だけでは満足できず、投票で決めようとしました。演説を投票に代えることで、たとえどんなに長広舌をふるったあとだったとしても、魂の働きは殺されてしまうのです。こうしてどんな議会政治も、人格の絶対的均一化に到るのです。議会政治は人格の尊重に始まり、人格の否定に終わります。他の可能性はありません。議会主義は、人格の尊重から生じて、人格の抹殺で終わるのです。人生そのものと同じく、それは完全な循環過程なのです。人生は誕生に始まり、死で終わります。ただ人間の場合は、生が死から区別されますが、歴史生活の場合は、一方が直接、他方に働きかけ、生と死とが互いに混ざり合っています。私たちはこのことによく注意しなければなりません。

今述べたことは、だからといって決して議会主義を批判しているわけではありません。なぜなら、もしもこれが単なる議会主義批判であるなら、私はこう述べていることになります。――「人間は生まれる。これはナンセンスだ。なぜなら、また死んでしまうのだから」。人はまた死ぬのだから、生きる必要はない、と私は主張しているのではないのです。人がまた死ぬのなら、生まれるという愚行を求めてはならない、と言うのでしょうか。

どうぞ、誤解なさらないで下さい。人格は議会主義を生じさせ、そしてまた、それを否定する。だから議会主義は無意味だ、とは言っていません。私は議会主義を直接的な生命の中に置きたいのです。私は議会主義を、すべての生命に固有の「誕生と死」に結びつけ、そうすることで現実に属するものとして示し、それが意識魂の時代におけるすべての外的現象と同じ性質をもっている、と言いたいのです。なぜなら、それらすべては、意識魂の時代に存在しており、今述べた誕生と死のしるしを担っているからです。

さて、英語圏内のオカルト・ロッジの小さなサークルの中では、仲間だけになると、繰り返して次のような話が交わされました。――「誕生と死の秘密だけは、公開しないようにしよう。もしもそれを公開してしまったら、現代という時代の秘密を公開することになってしまう。この知識だけは、われわれの手中にとっておかなければならない」。

誕生と死の秘密は社会に公開しない、という取り決めがまずなされたのです。この秘密はすべての中に、歴史現象の中にも存在しています。実際、それによって近代生活に悲劇的な刻印がなされ、近代生活が次第に好ましからぬ方向へ向かうように強制されたのです。労働の成果から眼をそむけて、労働そのものに眼を向けるように強制されたのです。働くことを喜ばなければならなくなったのです。この時代において、外的なものに働きかけるとき、死へ向かって働くのであって、生まれるために働くのではないのです。もしも死へ向かって働こうとしないのなら、近代的な意味で働くことができません。なぜなら、近代においては、機械に向き合って働かなければならないからです。そうしたくないのなら、以前の時代に戻るしかないのです。

一方、フランス史を研究する場合には、人格の解放が内面に向けられているのが分かります。その結果、革命の終末の挿話やナポレオン主義の到来が示しているように、あの恐ろしいまでの人格否定に到りました。

イタリアの場合を考察すると、イタリアでは、国家的な要素がいわゆる「サクロ・エゴイスモ」（「聖なるエゴイズム」――この言葉はイタリアの首相アントニオ・サランドラ［在職一九一四―一六年］による）にまで到りました。近代イタリアはどこからそのような激しい力を汲みとったのでしょうか。世界史の根底にある事柄は、たいていは歴史の表面に現れてきません。意識魂時代が到来する前の、あの重要な時点にまで遡るなら、近代イタリアのこの力は、ローマ教皇庁がイタリア史に植えつけたものだということが分かります。ローマ教皇庁はその存在をイタリア人の魂の奥深くにまで浸透させました。このことはイタリア史にとって非常に重要です。そして、「魔法使いの弟子」（ゲーテのバラード）の場合のような思いもかけぬことが、そこから生じました。すなわち、近代のイタリア人は、あらゆる力をふりしぼって、教皇庁から離れようとしました。いわば、努力していることと、それを無効にしてしまうこととがせめぎ合っているのです。思想というよりは感情の力、ジュゼッペ・ガリバルディ（一八〇七―八二年）の中にも見出されるあの熱狂的な力は、以前からのカトリック的な熱狂の名残なのです。それにもかかわらず、その力が逆転して、カトリック信仰に敵対するようになったのです。

　このことを正しい関連の下に見るとき初めて、現代という時代を理解することができます。ヨーロッパにはこれまで述べたような、さまざまな徴候を示す事件が生じています。東方では、ヨーロッパの背景となって、ロシアがビザンツ的な宗教構造とノルマン的＝スラヴ的な血の衝動とアジア主義から合成されました。アジア主義は、さまざまな仕方でヨーロッパの東方に注ぎ込まれました。しかし、この三つの要素はロシアの魂そのものから生じたものではありません。この三つは、ロシアの魂の中に生きているものを示してはいません。

人格の解放の考え得る最大の対立物は何でしょうか。それはビザンツの要素です。近代において、過小評価されている偉大な人物がひとりいます。それはコンスタンティン・ペトロヴィッチ・ポビエドノチェフ（一八二一―一九〇五年）です。この重要な人物は、ビザンツの要素をすべて自分の中に担っていました。彼は意識魂の時代に当然のように人びとの中から生じた意志の正反対を願ったのです。ビザンツの要素は、ロシア正教の中にもっとも集中して浸透していった、と人は考えるでしょう。すべての個的＝人格的なものがもっとはるかに集中して殺されてしまったと考えるでしょう。

しかし、人格の解放へのこの上なく強力な衝動以外の何ものも、そこからは生じなかったのです。皆さんが近世のロシア史を通読して、記載を常に禁じられてきた事柄がそこに見出せなかったなら、本来のロシア史を、つまり本当に歴史を突き動かす要素を読んだことにはなりません。支配権力がこれまで歴史として記述するのを許してきた事柄だけをロシア史の中に読むなら、ロシア人の中に死をもたらす要素となって浸透しているものだけを学んでいるのです。

それは極めて特徴的なことなのです。なぜなら、ロシア人の生活の眼に見えぬところには、未来がひそんでいるからです。まさに霊我の萌芽が、ロシア人の生活の奥にひそんでいるゆえに、こんにちまでの意識魂の時代のロシア人の外に現れている部分は、純粋に死をもたらすもの、純粋に腐敗臭を放つものだったのです。しかし、そうでなければならなかったのです。なぜなら、今形成されようとしている精神生活が、死の基盤を必要としているからです。

意識魂時代の発展のためには、このことを洞察しなければなりません。そうでなければ、現代の本当の要求に応えられません。意識魂時代の始まりから人生に覆いかぶさってきた死が、この最後の四年間（第一次世界大戦、一九一四―一八年）に大規模な仕方で人類に襲いかかってきました。このことを知らなければ、人類に対するこの途方もなく破壊的な働きかけについて何も知らずにいることになります。自然科学的な思考方式のもつ死の性質が、独特の仕方で、近代のもっとも予言者的な人物のひとりによって見抜かれていたのは、特徴的なことです。

次のような小さな徴候的な出来事が、近代史を記念するように存在しています。

一八三〇年、フリードリヒ・ヤコブ・ソレー（一七九五―一八六五年）がワイマールのゲーテを訪問しました。ゲーテはソレーを興奮して迎えました。興奮というのは、認識についてのことであって、情念の燃え上がりのことではありません。ゲーテは次のように述べました。――今いよいよ運動が始まった。すべてが焔《ほのお》の中にある、と。さらに彼はいくつかの言葉を語りました。それでソレーは、ゲーテが一八三〇年のパリで勃発した革命のことを語っているのだと思い、そのつもりで返事をしたのです。けれどもゲーテが語っていたのは、この革命のことではありませんでした。ゲーテはこう語りました。――「ああ、そんなことではありません。そんなことは特に重要ではありません。もっと重要なのは、パリのアカデミーで、ジョルジュ・キュヴィエ（一七六九―一八三二年）とエティエンヌ・ジョフロワ・ド・サンティレール（一七七二―一八四四年）との間で交わされた論争です。キュヴィエは、古い自然観を代表しています。この自然観は生物をただ並記するだけです。この考え方では、どうしても技術が必要になります。一方、ジョフロワ・ド・サンティレールは、生命を生命そのものの進化全体の中で考察するのです」。

ゲーテはジョフロワ・ド・サンティレールの中に、単なるコペルニクス、ケプラー、ガリレイの意味ではない、ひとつの近世自然科学的思考の指導者を見ていました。キュヴィエがあの時代の代表者であるのに対して、ジョフロワ・ド・サンティレールは、生命そのものの変化の可能性を自然の中に持ち込む自然科学的な思考の代表者です。ですからゲーテは、ジョフロワ・ド・サンティレールの自然科学的な思考の中に、まったく新しい時代の出現を見たのです。この思考は、本当に発展を遂げていくなら、自然を超感覚的に受けとめ、最後には見霊認識にまで到ることを可能にします。この可能性の中に、ゲーテは一八三〇年の革命を見ました。パリの政治的な事件の中にそれを見たのではないのです。近代という時代にとっての本質的な事柄を、彼はこのように感じとっていたのです。

近代においては、本当に状況を洞察する勇気がなければなりません。古い時代におけるよりも遙かに今、時代の状況を勇気をもって洞察しなければなりません。なぜなら、意識魂を発達させることが大切なのですから。

以前の時代においては、意識魂を発達させることは、まだ重要ではありませんでした。今の時代に意識魂が重要になるに従って、人間の社会生活におけるすべても目覚めた状態で進行させなければならなくなります。ですから、古い時代の本能を社会生活の中に持ち込むことはできませんし、自然科学の成果を社会生活の中に持ち込むことだけで済ますこともできません。

自然科学の成果は、死せるものなのですから、生命を賦活させることはできません。生命を死せる産物で充たし、生命を最近の四年間を生じさせたような破壊行為の中に導き入れるだけです。ですから、今のこの時代においては、次のことが重要になるのです。

人は眠ることもできなければなりませんが、目覚めているとき、人はいつもの自由な意志を持っています。人はアーリマン的＝ルツィフェル的な道の途上で出会ういろいろな事柄に、この自由な意志を適用して、また正しい道を見出すことができます。しかし眠ると、この自由な意志は失われます。そして自覚することなしに、思考活動を続けます。眠っているときも、人は覚醒時におけると同じくらい、しっかりと思考しているのです。眠っていても、考えることをやめていません。目が覚めるまで思考しているのですが、そのことを目覚めた瞬間に忘れてしまうのです。ですから、眠ってから目覚めるまでの人間の魂の中に働きかけている思考内容がどんなに大きな力をもっているか、人は知らずに過ごしています。

しかし意識魂の時代に、神々が眠っている人の魂から立ち去ってしまいました。以前の時代の神々は、眠ってから目覚めるまで、人びとの魂の中にその意志を注ぎ込みました。神々が今でもその意志を注ぎ込み続けたなら、人は自由になれなかったでしょう。しかし、自由になったことによって、人は眠ってから目覚めるまで、あらゆる可能な別の影響を受けています。実際、私たちは必要に応じて目覚め、必要に応じてどんな生活をいとなむこともできます。

しかし、自然科学の考えている通りに眠ったり、死んだりはできません。なぜなら、自然科学的に思考することができるのは、目覚めてから眠りに入るまでだからです。眠りに入った瞬間に、自然科学的な思考は、フランス語を理解しない国でフランス語を語る程度の意味しか持てなくなります。そのときに意味のある言語は、超感覚的認識を身につけた言語、超感覚的なものに由来する言語だけです。ですから、神々がかつて本能の中に植えつけておいたものの代わりに、超感覚的認識が必要になるのです。超感覚的な衝動をもち、そして超感覚的認識を獲得しなければならない、ということが意識魂時代の人間の課題なのです。時代が超感覚的な衝動なしにもたらしたすべては生きている、死んではいない、と信じる人がいたなら、その人は女性が受胎しないでも子どもを産める、と信じるのと同じ錯覚に陥っています。受胎しなければ、女性が子どもを産むことはありません。

近代の文化は、超感覚的な世界からの衝動を受けとらなければ、たとえ一五世紀初頭以降の自然科学時代に最大級の成果を達成できたとしても、生産的にはなりえないのです。超感覚的世界からの実りを受けなければ、不毛のまま終わります。意識魂の時代に、民主主義、議会主義、技術、金融制度、近代産業を導入し、全世界に国家の独立性を保障したとしても、そして世界新秩序と呼ばれるものの根底に存する諸観点をすべて導入したとしても、こうしたすべてを超感覚的世界の衝動による受胎を可能にしようとしなければ、結局、それらは死をもたらすだけで終わるのです。私たちが超感覚的な認識を獲得することで、それらを実り豊かなものにすることができたときにのみ、近代の所産——あらゆる分野における死の働き——は、価値をもつのです。そうでない限り、人類は死に直面せざるをえません。

このことを可能な限り真剣に受けとめるなら——近代の徴候学的考察によって——、次のような考えに到ります。——近代自然科学、近代社会学、近代技術、近代産業、近代金融制という近代社会の最大の成果は、一五世紀以来の人類の進化に組み込まれて、死をもたらしている。もしも超感覚的な働きによって生命を賦活させなければ、それらは人類に大変な破局をもたらすだけで終わるであろう。それらすべての成果が超感覚的な衝動に導かれたなら、その成果によって人類は本来の進むべき道を進むことができる。そうなれば、人類はこれらの成果を良きものにする。それらだけでは、良きものにはならない。近代人が今、高慢にも優越感をもって自分たちの最高の所産と見なしているものは、そのどれをとってみても、それ自身では良いものではない。霊的な働きと結びつかなければ、良いものにはならない。

以上は思いつきで言っているのではありません。歴史の発展を徴候学的に考察すると、この近代史の発展の中から、このことがおのずと見えてくるのです。今、私たちの意識を進化させなければならない時代に来ています。しかし、その進化した意識に何を求めたらいいのかを知らなければなりません。私たちが無意識にでも独善的になろうとした瞬間に、意識は発展できなくなります。ですから、次のことをこれまで繰り返し話してきました。

ある都市で「聖書と叡智」という題で話をしたことがありました。そこに二人のカトリック聖職者も来ていました。皆さんの多くは、きっとこの話をご存知ですね。私はカトリック聖職者に別に異論を抱かせるようなことは何も言いませんでしたし、すべてを念入りに研究して、すべてを自分の立場から判断することを使命にしているイエズス会士もそこにいませんでしたので、その普通のカトリック司祭は、私のところに来て、こう率直に話してくれました。――「私たちも煉獄について語ることがありますが、あなたも死後のそのような試練の時についてお話になるのですね。私たちは天国について語り、あなたは霊的体験について語ります。この点について、特に内容に問題があるとは思いません」。

　カトリック司祭が人智学をもっと深く知ろうとしたなら、きっと異論がいろいろ出てきたでしょうが、ひとつの講演の中では、まだ異論がなかったのです。司祭たちはさらにこうも言いました。――「きっと問題は次の点にあるのでしょう。あなたは一定の教養を身につけた人びとだけに話しかけていますね。私たちはすべての人に話しかけます。すべての人のための言葉で語るのです」。

　たしかにすべての人のために話すというのは正しいことです。そこで私は次のように応じました。――「師よ、――もちろんカトリック聖職者に対しては『師』と呼びかけます。私はいつも社会的な肩書きをそのまま受け容れています――師よ、問題なのは、今おっしゃったことではありません。あなた方がすべての人のために語ることを、少しも疑うつもりはありません。きっとあなた方は、すべての人のために語るかのような話し方ができる、と思っていらっしゃるでしょう。しかし、それは主観的な意見にすぎません。誰でも自分の話を正当化するときには、そう言います。しかし、私たちがすべての人のために語ると思っているか、いないかは、重要なことではありません。大切なのは、事実であり、現実です。ですから、おたずねしたいのですが、なぜ私がすべての人のために語ってはいないのでしょうか。あなた方だけがすべての人のために語るという根拠は、どこにあるのでしょうか。……もちろんあなた方の味方をする人たちは大勢いることでしょう。しかし、こうおたずねしたいのです。――すべての人があなた方の教会へ行くのですか。話しかけることができる、とあなた方の思っていらっしゃるすべての人が、教会へ行くのですか。そうではないでしょう。このことが事実なのです」。

その聖職者たちは、もちろん、すべての人が教会へ行く、とは言えませんでした。そこで私はさらにこう言いました。――「私は教会へは行かなくても、キリストの下に導かれる権利をもっている人たちのために語るのです。この人たちのために語りたいのです。事柄を私のような仕方で話すのを聞きたいという人たちもいます。これは事実です。大切なのは事実であって、主観的な意見ではありません」。

主観からではなく、現実から意見を取り出すことを学ぶのは、非常に健康な態度です。なぜなら、まさに意識魂の時代には、主観的な態度に陥ること以上に危険なことはないのですから。意識魂を発達させるためには、無意識において教条主義者になってはなりません。行為と思考を事実世界に応じさせなければなりません。それが大切なのです。この点で近代にひとつの本質的な戦いが、歴史現象の水面下で生じています。それは、正しいと見なしたことに従うことと事実に従うこととの間の戦いです。この戦いは、歴史を考察するとき、特に重要になります。なぜなら、歴史的現実を本当の師匠にしなければ、決して歴史を正しく考察できないでしょうから。しかしその場合、事実を歴史の中に持ち込むのではなく、歴史に正しく物語らせるのでなければなりません。

これまでの四年間に、この「歴史に語らせる」ことに関して、世界中が限りなく邪道に陥ってしまいました。もはや事実が語るのではなく、事実と見なされたものが語るのです。今後も、事実に語らせることを知らない人たちが、長いこと時代を支配し続けるでしょう。とらわれずに現実に向き合う力を人びとの手から奪い取る時代が長く続くことでしょう。しかし意識魂の時代においては、人生のあらゆる分野で現実をとらわれずに把握すること、とらわれずに現実に向き合うことが大切なのです。私たちが歴史の徴候から現実へ、少しずつでも近づこうとするなら——次回からの講義でお話ししますが——、それには何が必要なのでしょうか。まさにこの時代においてこそ、人間をふたたび生産的にする超感覚的なものに眼を向けることが必要なのです。

精神がもはや生産的でなくなってしまったこと、そのことが現在、あらゆる事象の中に現れています。人間は「霊我」を準備するために、超感覚的世界にまで感覚を拡げなければなりません。そうでなければ、霊我への道が完全に閉ざされてしまいます。人は「純粋に霊的なもの」を知らなければならないのです。自分の魂の核心の部分にまで入っていくことのできるものを、です。人が徴候学的な歴史考察を通して自分の魂の中心を洞察できるようになれば、その中心だけではなく、周辺にあるものをもとらわれずに考察できるようになるでしょう。

私たちの魂には、中心と周辺があります［図7参照］。自分自身の魂的＝霊的な内部に沈潜すれば、中心に到ります。この中心の部分において、私が「歴史的衝動」と呼んだものを受けとらなければなりません。歴史的現実を知ろうとするなら、霊的なものに出会うように努めなければなりませんが、そのためには、その対極に当たる周辺に向かっても努めなければなりません。周辺である体的なもののための感覚を身につけなければなりません。

［図7］

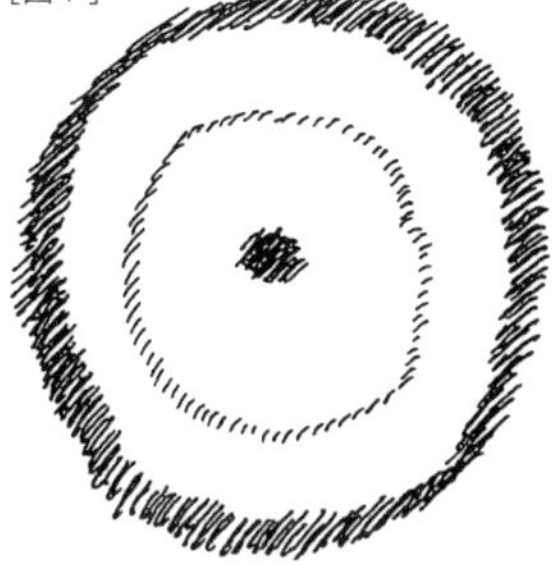

歴史が、徴候学を通して、内部へ通じる道を見出さなければならないのなら、例えば医学、衛生学も、徴候学を通して外部へ、宇宙的なリズムへと到る道を見出さなければなりません。

近代史が現実に迫ることができないように、近代医学、近代衛生学も徴候へ、外部へ迫ることができずにいます。これまでも繰り返して述べてきましたが、個人では他の個人の役に立つことはできないのです。たとえ個人がどんなに事柄の本質を洞察したとしてもです。なぜなら、問題なのは、現在、まさに人類を左右する力が間違った方向を目指している人たちの手中にある、ということだからです。その力は、正しい方向を目指す人びととの責任の下に置かれなければならないのです。問題なのは、……たしかに外的な諸事実は、すでに述べたように、ジェイムズ一世はこんな様子をしていた、ということが真実であるように、真実であると言えます。もちろん、ある種のバクテリアが、例えば今流行しているインフルエンザと関係がある、という外的な事実も真実です。しかし例えば、流行しているある伝染病の場合、ねずみが病原菌の保有者であるということが真実であるとしても――私は今、ただ考え方だけを問題にしているのですが――、それだからといって、ねずみから病気が生じた、とは言えません。ねずみがその病気を流行《はや》らせた、と人は常に考えてきました。しかし本来、ねずみそのものは、病気と何の関係もないのです。

　歴史の諸徴候の背後で霊的＝魂的な諸体験が問題になるように、このような病気の現象の場合には、宇宙的な諸体験が外的な身体の諸徴候の背後で働いているのです。もちろん、別の場合には、別の体験が問題になります。このような場合に特に重要なのは、宇宙的な諸事象のリズミカルないとなみです。このことを研究しなければなりません。一八九〇年代に現在のインフルエンザ（流行性感冒）がより軽い症状を伴って現れていたとすれば、そのとき、宇宙的な位相がどうだったかを調べなければなりません。現在、私たちはどんな宇宙的位相の下にいるでしょうか。当時と同じインフルエンザが、現在もっと重い症状をとって現れているとすれば、宇宙のリズムは今、どのような仕方で進行しているのでしょうか。歴史の諸徴候の系列の背後にリズムを見出さなければならないように、疫病の流行の背後にも一定のリズムを見出さなければなりません。

地上のある地域には、こんなことが生じます。その土地で紙切れを燃やしますと、大地から蒸気が生じるのです。イタリアのソルファタリ地方がそうです。このことは、私たちが地上で何かを行うと、大地が一定の自然作用を生じさせる、ということを示しています。

皆さんはどうお思いになるでしょうか。太陽光が毎日地上に降り注いでいますが、太陽の働きによって、人間の生活に関連した何かが大地から生じるということはありえないことでしょうか。その何かは、地上のさまざまな地域で、さまざまな作用を生じさせます。霊的＝魂的な認識を通して正しい宇宙論を見出す以前に、こうした事柄を真に認識できるでしょうか。たしかに太陽の黒点と戦争の勃発との関係を語ったら、ばかではないかと思われるでしょう。しかし、そんなにばからしいとは言えない関連もあります。気質の中の特定な病的衝動の現れが、リズミカルな仕方で現れる、太陽の黒点の周期のような宇宙現象と関連があるというのは、もはやばかげたことではありません。

そしてこの小さな集団、バクテリアやねずみの群れが、宇宙的な関連を、本当にある人から別の人へと移していくとき、当然それによって多くの人びとを巻き添えにします。しかし、それは副次的なことで、主要なことではありません。本当に周辺の徴候をも研究しようとしなければ、本質に迫ることができません。ですから、人びとが歴史徴候学をその背後の超感覚的な認識と結びつけなければ、歴史を深く考察できるとはとても思えません。歴史的というよりは宇宙論的な、いわば宇宙論的徴候学を研究することによって、医学的、衛生学的に実りある成果に到るのです。なぜなら、この世の病気は、天から私たちに送り込まれたのですから。

近代人のもっている偏見に陥ってはなりません。近代人はすぐに安易な方向に流されます。「神はいたるところに生きておられる」と言います。近代人が神を歴史の中に認めるとき、それと共に歴史上のすべての停滞的、破壊的な経過をも説明できなければならないはずです。ここ四年間のような年月が現れるとき、歴史の中の神という考え方、歴史の中の唯一神という考え方は、本当に胡散《うさん》臭いものになります。なぜなら、その場合、歴史の中の神は、自分の存在を多様に増やさざるをえなくなるからです。それぞれの国の国民が自国の領土で歴史の中の自分の神に訴え、別の神を呪っているのです。

私たちが宇宙論へ向かい、それと同時に安易に唯一神を信じますと、この唯一神が病気を送ってくるのです。しかし、神とルツィフェルとアーリマンという三位一体にまで到ることができ、超感覚的なこの三位一体を歴史考察の、そして歴史的徴候の背後に見るとき、そしてこの三位一体を外なる宇宙の中にも見るとき、良き神に助けを求めているわけにはいかなくなります。天が地と共に働くとき、天は私たちに病気を送り込むのです。一片の紙を硫黄質の土地で燃やすだけで硫黄性の蒸気を立ち昇らせるように、です。意識魂の時代の人びとが真理を本当に認めることができたなら、その真理は私たちを助けてくれるでしょう。私たちの時代のすべては、次の一点に、「真理の探究」にかかっているのです。

第四講

一九一八年一〇月二五日

別の問題に移る前に、近世史の中に必然的に生じてくる思想問題をさらに考察しておかなければなりません。これまで徴候学の観点から近世史を取り上げ、通常の歴史事実を歴史の本質問題であるとは見なさないで、事実の背後に存する本当の現実の映像である、と見なしてきました。本当の歴史的現実は、外なる感覚的な世界を超越しているのです。感覚的に知覚できる歴史事実を本当の現実と認めるのではなく、その事実の中に、背後に存するものの啓示を求めるのです。そうすれば、おのずと超感覚的な要素に行き当たります。

歴史考察の場合、超感覚的な真実を語ることは容易ではありません。多くの人は、歴史の中に何か思想や理念を見出します。または事件を物語るとき、そこで超感覚的なものに出会ったと思っています。しかし、それが感覚にとってであれ、知性や感情にとってであれ、感覚世界に現れてくるものは、超感覚的ということはできないのです。

通常の意味での歴史は、感覚世界に属する出来事を扱います。もちろん、歴史徴候学の場合、徴候のもつ歴史的な価値はさまざまです。出来事から真実に到るために、ある徴候はまったく重要であり、別の徴候は真の超感覚的現実への道を歩むにはまったく無意味なのです。

愛する皆さん、これまで意識魂の時代における多少なりとも重要な徴候をいろいろ取り上げてきましたが、これからその背後に存する超感覚的なものについて述べようと思います。そのいくつかについては、すでに述べました。意識魂文化の時代になったこと、つまり意識魂の進化のための器官を獲得するに到ったことは、超感覚的に本質的な徴候だからです。これが私たちの基本的な前提です。しかし、すでに見てきたように、意識魂の内的な作業を補足するもう一方の極がなければなりません。それは意職魂の時代に霊的＝超感覚的世界の啓示を志向することです。新しい啓示に向き合うことなしには、先へ進むことができない、という心構えを持つことです。

私たちは人類進化に関わるこの二つの極にまず眼を向けなければなりません。意識魂時代の始まる一四一三年以来、この両極はある程度明らかに現れていますが、未来においても、二大衝動となって、三千年紀に到るまでのさまざまな時代に、さまざまな形態をとって現れるでしょう。そして、人びとにさまざまな運命をもたらすことでしょう。そうしたすべては、やがて一人ひとりの魂の前に姿を現すことでしょう。しかし今でも、この二つの衝動に眼を向ければ、一五世紀以来、本質的な事柄がどのように進行してきたかを知ることができます。本質的な事柄がどのように進行してきたか、私たちはこんにち、すでにそれを意識できるようになりました。一八世紀から一九世紀初頭に到るまでは、この両衝動の存在を外的な諸事象の中に見てとることができなかったでしょう。当時、この両衝動は、まだ十分に力強い働きをしていませんでした。今では、外的な出来事の中に、すでにはっきりとそれが現れているのです。

そこで今日は、すでにはっきりと現れている一つの本質的な徴候を取り上げようと思います。以前の歴史事象は、多少なりとも秘儀に通じた人に対してのみ、今私の述べていることを現していました。ロシア革命の現段階、一九一七年一〇月からブレスト＝リトフスク平和条約（ソヴィエト政府がドイツ、オーストリア＝ハンガリー、トルコなどと結んだ単独講和条約。一九一八年三月三日締結）まで、この上なく興味深いこの革命の経過は、真剣に歴史徴候から学ぼうとする人にとっては、特別大きな意味をもっています。もちろん、この運動そのものも、歴史徴候なのです。この運動の経過は、ここ数ヶ月間のことですから、見通しをもって考察することができます。この間に生じたことのすべては、近世史の深刻な諸衝動の合流したものなのです。まさにこの革命には、新しい諸理念が生きているのです。

人類の進化にとって今必要なのは、新しい理念なのです。すべて他のことは、死の徴候の下にあります。そのことについては、これからも述べるつもりですが、前にも触れたことがありました。大切なのは、新しい理念を有効に働かせることです。新しい理念が次第に影響力をもつようにしなければなりません。

私はこのことを数十年来、述べてきました。新しい理念を東ヨーロッパの農民たちの中に普及させなければならないのです。もちろんはじめは、受け身の態度に終始することでしょう。けれども、その態度でも、新しい理念を受け容れることができるのです。なぜなら、この民衆の態度の中には、霊我へ発展していく萌芽が含まれているからです。他の地方の民衆が本質的に意識魂を発展させようとする衝動をもっているのに対して、ロシアの民衆は、若干の近隣の地域の民衆も含めて、第六後アトランティス文化期における霊我の発達のための萌芽を内に担っているのです。そしてこのことが特別の状況を生じさせているのです。しかし今考察しようとしている事柄にとっては、まさにまだ萌芽の状態でしかありません。

さて、理念は、正しい理念であることもありますし、正しくない理念であることも、まったく間違った理念であることもありえます。しかし、いずれにしても新しい理念、今まで存在したことのなかった理念が民衆の広い層に影響すべきだったのです。新しい理念は指導的な階級から、つまり理念を受容する機会をもった人たちからのみ来ることができました。

ロシア・ツァーリズムが崩壊した後、まったく不毛な階級である大ブルジョワ階級と結びついたあるひとつの要素が現れました。人は、西方では、この階級を「重工業」などと関連させて呼んでいますが、いずれにせよ、まったく不毛な階級です。このことは、ひとつのエピソードでしかありえませんでしたから、それについて語るのは本来、無駄なことです。もちろんエピソードでしかありえませんでした。なぜなら、この階級に由来するものは、当然ながら理念とは言えないからです。階級として理念をもつことができないのです。皆さん、私が階級を論じるときには、決して個人のことを語ってはいません。

さて、左翼の側には、市民階級から出て、多少なりとも労働階級と混ざり合った人びとがいました。それはいわゆる社会革命派の指導層で、メンシェヴィキも次第にそこに参加するようになりました。ロシアには、本質的に——まったく外的に、数だけで計算しても——ロシア革命の過程で指導的な役割を演じることができたはずの人びとがいましたが、ご承知の通り、その人びとはそうしませんでしたので、左翼の過激派が指導権を握りました。そして過激派が指導的立場に立ったとき、社会革命派、メンシェヴィキ——および西側の同調者たち——は当然のように、過激派の栄光は八日間しか続かないだろう、その後はすべてが駄目になってしまうだろう、と考えていました。

とはいえ、もう八日以上続いています。予言者は間違った予言者だったのです。中間階級の古くさい世界観から現在の歴史経過を予言する人は、最低の予言者であるに決まっています。

いったいこの経過の根底に何があるのでしょうか。物理学的に言いますと、一九一七年の十月から今日に到る約一年間のロシア革命の問題は、圧力の問題ではないのです。それは吸引力の問題なのです。圧力を問題にせず、吸引力を問題にすることを歴史から学ぶのは、非常に重要なことです。それでは、吸引力の問題とは何のことでしょうか。

ここに排気鐘《しょう》があるとします。その排気鐘の中の空気が抜き取られ、内部に真空状態が生じます。そして栓を抜きます。そうすると、笛のような音を立てて空気が中に流れ込みます。空気は、自分の意志でその中に流れ込むのではなく、真空状態が作られたので、その中に流れ込むのです。この空間の中に、空気が音を立てて流れ込むのです〔図8〕。

農民階級とボルシェヴィキの間に立っていた社会革命派やメンシェヴィキと、まさにその左に立つ過激な人たちとの間には、同じような状態が生じていたのです。いったい何が生じたのでしょうか。社会革命派のメンシェヴィキの中にまったく理念がなかった、という事態が生じたのです。彼らは圧倒的な多数派でしたが、まったく理念を持っていませんでした。彼らは、未来に何が生じるべきかについて、何も語るべきものを持っていませんでした。頭の中には、いろいろな道徳的、何々的なセンチメンタリズムが渦巻いていましたが、すでに繰り返してお話ししたように、人びとを未来へ向けて動員することのできる本当の衝動は、道徳的なセンチ

〔図8〕

メンタリズムの中からでは、取り出すことができません。

こうして真空状態、つまり理念のない空間が生じたのです。そして過激な左派が、当然のように、その中に音を立てて流れ込んだのです。ロシアそのものとあまり関係のない極左的社会主義者たちがロシアで確かな地歩を占めるに到ったのですが、そのことを極左分子自身の働きの結果だ、と信じてはなりません。もしも社会革命派その他の、極左分子と連携していた者たちが――グループは実にさまざまでした――なんらかの指導力を発揮できるような理念を持っていたなら、極左分子が権力を獲得することは決してできなかったでしょう。

それでは一体、どんな理念を持つべきだったのでしょうか。霊学に由来する理念以外のどんな理念も、民衆のための実り豊かな理念にはなりえません。このような理念に恐れを抱かず、それを受け容れる勇気のある人だけが、正しい態度をとることができるのです。それ以外のどこにも助けは存在しません。

たしかに人びとは多少なりとも過激になりましたし、自分たちがブルジョワの出身であることを否定しています。しかし、少なくとも多くの人びとは、ブルジョワ出身なのです。その人びとが空間を真空状態にし、意識魂の発達の時代であるこんにちまで、理念の真空状態を生じさせたのです。ブルジョワたちがなんらかの理念を持つようには絶対になりえないのです。

もちろんこのことは、ロシアだけの問題ではありません。現段階のロシア革命は、この問題を研究しようとする人に、はっきりと次のことを示しています。——空間を真空状態にした人たちは背後に押し込められ、他の人たちがその代わりに入り込むのを、今後も日夜眼にすることになる、ということをです。

この現象はこんにち、世界のいたるところに現れています。世界のどこへ行っても、同じ現象が見られるのです。なぜなら、右と左の中間の立場に立っている社会層の人びとは、実りある世界観を生み出そうとする人びとに対して、以前から拒絶的な態度をとってきたからです。私たちの意識魂時代における実りある世界観は、人びとに共生を求めさせる衝動のための世界観以外のものではありえないのです。

愛する皆さん、私たちの霊学運動は、はじめからこの衝動に貫かれていました。霊学運動はどんな意味でも、党派的な運動であってはなりません。私たちは時代衝動を、現代人にとって重要なすべての衝動を、あらゆる方面で本当に考慮しようと、努力を重ねてきました。しかしこのことを理解するのは、現代の私たちには非常に困難です。なぜなら、もちろんみんなとは言いませんが、多くの人が型にはまった生き方をしているからです。人智学のサークルにおいても、この点は変わりありません。自分の私的＝個人的なこころの浄化だけに役立つような、比較的高級な「日曜の午後の説教」しか望まず、そのくせ国会や連邦議会その他の団体において、またはビアホールのテーブルを囲んで取り決められる一切のまじめな用件には耳を傾けようとしないのです。霊学だけが取り出すことのできる理念を人生のあらゆる問題に結びつけること、このことが理解できなければだめなのです。

この社会層の無関心さに比べると、プロレタリアートは活発な関心をもっていました。こんにちでも活発な関心をもっています。もちろんプロレタリアートは、近世史の流れを見れば明らかなように、日常の物質世界を超えようとはしていません。プロレタリアートは、感覚で確かめられるような衝動しか認めず、感覚で確かめられるような衝動だけを人間社会に持ち込もうとします。

しかし、愛する皆さん、ブルジョワ階級の世界観は、現代の身近な生活を生きていないので、しばしば言葉だけのものでしかありません。ブルジョワ階級の世界観は、古い時代から伝えられてきたものなのです。その世界観は言葉の中だけにしか生きていません。プロレタリアートは、本当に新しい経済衝動の中で生きていますから、現実をふまえていますが、その現実は、感覚的に確かめられる現実でしかありません。

ここに私たちにとっての重要な接点があるのです。いいですか。人類はここ数世紀以来、本質的に生き方を変えてしまいました。私たちは数世紀以来、意識魂時代の中で、「機械の時代」に入っていきましたが、ブルジョワジーとその上に立つ人びととは、この機械の時代にあまり関係のない生活を送ってきました。なぜなら、ブルジョワ階級が今でも持ち続けている衝動と言えるものは、機械の時代以前のものだからです。コーヒーの集まりのためのコーヒーの輸入は、機械の時代以前のことでした。銀行を仲介とするブルジョワたちの新しい商習慣は、新しい時代衝動に対応していません。それは昔の商人たちの太古以来の商習慣をただ複雑化したものにすぎません。

これに対して、近代のプロレタリアートは、外的な感覚世界での生活の只中で、本当に近代の衝動に駆り立てられています。一八世紀における紡績機械と自動機械の発明以来、人類の国民経済全体が変化しました。そして、自動機械と紡績機械のこの発明を通して、プロレタリアートが生み出されました。ですから、プロレタリアートは近代の所産なのです。これが本質です。ブルジョワジーは近代の所産ではありませんが、プロレタリアートは近代の所産なのです。なぜなら、近代プロレタリアートに較べられるような何かが以前の時代にあったとしても、それはプロレタリアートではなく、古い父権的秩序に属する何かだったのです。そして、この古い秩序は、機械の時代の秩序と根本的に異なっていました。

近代プロレタリアートは、生きた自然から切り離され、純粋に機械の世界に組み込まれました。感覚的、物質的な行為の中に完全に組み込まれてしまいました。しかし、それにもかかわらず、世界観を烈しく求めました。自分の魂も肉体もその中に組み込まれてしまっている社会構造とまったく同じものとして、全世界を構築しようと試みました。人は、世界構造の中に、自分がその中に組み込まれている構造をまず見出そうとするのです。

　最近お話ししたように、神学者と軍隊はひとつに結びついて、世界機構のさまざまな関連の中で戦いを求めていますが、しかしその際、問題の本質を洞察しようとはしません。法律家と官僚もひとつに結びついています。哲学者もそうなのです。法律家、官僚、哲学者はいずれも、世界機構の中に、抽象的な理念しか見ようとしていません。一方、近代プロレタリアートが世界機構の中に、自分自身が組み込まれている巨大な機械を見ようとするのは、なんの不思議もありません。社会秩序は巨大な機械として構想されているのですから。

　近代のプロレタリアとブルジョワとの生活上の相違は、非常に大きかったし、こんにちでもそうです。没落する貴族階級のことに触れる必要はないでしょう。近代のブルジョワが世界観の問題に関心をもたずにいる一方で、プロレタリアは世界観問題に燃えるような関心を寄せています。もちろん、近代のブルジョワも、数多くの集まりの中で社会問題を、たいていは言葉の上だけで議論をしていますが、プロレタリアは、自分のなまなましい人生体験を、日々機械文化が産み出すものを議論しています。ブルジョワの集会では、平和が維持でき、すべての人が平和主義者であればどんなにいいだろう、というような議論に終始しています。たいていはセンチメンタルな気分に支配されていて、実際に社会の構造に眼を向け、社会構造を変えることで人の望みを実現させようとはしていません。

一方、プロレタリアの集会へ行くと、次のことに気がつきます。――みんな現実そのものを論じている。たとえその現実が物質界だけの現実であるとしても、みんな自分たちの階級を自覚し、歴史を正確に把握している。自動機械や紡績機械などの発明を一つひとつ列挙することができる。そのときに何が始まったのか、何がその結果生じたのか、どのようにしてプロレタリアートが現在の状態に到ったのか。その集会ではみんながそれを学習している。現在の状況がどのようにして生じたのか、みんながよく理解している。――参加する意志をもっているすべての人がそれをよく理解しているのです。この階級には、この点で鈍感な人はあまりいません。

中産階級も世界観問題には鈍感です。誰か詩人が――詩人でない人には許されないことです。空想家だと思われてしまうでしょうから――、超感覚的世界から得た形姿、例えば天使を謳《うた》い上げる場合、人びとは一体どういう態度をとるでしょうか。そのときそのときで、気に入ったり気に入らなかったりするだけです。その詩句の中で表現されていることを信じる必要はありません。どこにも現実の息吹が感じられなくても、ただ芸術にすぎない、と言えば済むのです。意識魂時代が進むにつれて、そうなってきました。歴史の流れの中で、さまざまな階級が形成されてきましたが、その歴史の流れは、自覚が足りないときは、言葉だけの世界に落ち込む危険をもっています。しかし、この問題を現在との関連で考察すれば、いくつかの重要な時点が眼につきます。私はすでにこのことをさまざまな観点から何度となく取り上げてきました。

ほぼ一四一三年に始まる意識魂の時代は、一九世紀の四〇年代、一八四〇年から四五年にかけて、最初の五分の一を通過しました。この四〇年代という時代は、重要な時点を示しています。なぜなら、この時点に世界の進化を促す霊的な諸力は、大変な危機を予見していたからです。

外から見ると、この危機は、近世のいわゆる「自由の理念」がこの四〇年代に最盛期を迎えたとき、表面に現れてきました。四〇年代に、あたかも意識魂の時代衝動が文明世界の外的、政治的な世界にまで押し寄せてきたかのように見えます。ふたつの衝動がこの時期に重なり合いました。プロレタリアートはまだ完全にはその歴史的基盤を獲得しておらず、まだ完全な自己意識をもって存在してはいませんでした。プロレタリアートは一九世紀の六〇年代になって初めて成熟を遂げ、自覚的に歴史の舞台に登場しました。それ以前、近代的なプロレタリア意識というものは存在していませんでした。もちろん社会意識は、それ以前にも存在していましたが、しかし中間階級、プチ・ブルジョワは、社会意識が存在する事実にさえ気づいていませんでした。大きな名声を獲得したオーストリアのある大臣は、六〇年代の終わりになっても有名な発言をしていたのです。――「社会意識はボーデンバッハまでで終わる」。

ご存知のように、ボーデンバッハはザクセンとオーストリアの国境に位置しています。これはブルジョワ出身の大臣による有名な発言です。

プロレタリア意識は、四〇年代にはまだ存在していませんでした。当時の政治の指導者たちは、本質的にブルジョワであり、多くは今述べた中間層、プチ・ブルジョワの出身でした。四〇年代の当時、政治諸理念は、本質的に抽象的でした。皆さんもたぶんご承知の通り、四〇年代に歴史の表面に現れた政治理念は「革命的」と呼ばれていますが、本当はただ自由な理念であるにすぎませんでした。そしてその理念が、一八四八年に烈しく燃え上がったのです。この理念の担い手は、今述べたブルジョワジーでした。当時、人類社会に働きかけようと望んだ自由の理念はすべて極めて抽象的な理念であり、これ以上抽象的な理念は考えられないくらいでした。しばしば単なる空論でしかありませんでしたが、そんなことはどうでもよかったのです。なぜなら、意識魂時代の人びとは、抽象的な状況の中を通って行かねばならなかったのですから。人びとは人類の指導理念を、抽象的な形式で、一度認識しなければならなかったのです。

愛する皆さん、一目で読み書きを覚えたりはできません。自分のことを考えてみても明らかです。人類も、何らかの能力を発達させ、育成しようと思うなら、一定の時間が必要です。後で詳しく述べるように、七〇年代の終わりになるまで、人類に時間が残されていました。一八四五年から三三年を加えれば、一八七八年になります。ほぼこの年まで、人類は、四〇年代の諸理念を具体的なものにする時間が与えられていました。

一九世紀の四〇年代から七〇年代までの三〇年間に注目することは、近世史の考察にとって非常に重要です。実際、こんにちの私たちはこの数十年間のことを明確に把握しなければならないのです。四〇年代に抽象的な形で現れた自由の理念を理解し、それを現実に結びつけるために、七〇年代の終わりまでの三〇年間が人類に残されていました。

この理念の担い手はブルジョワジーでしたが、ブルジョワジーは、それを現実と結びつけることを怠りました。一九世紀の歴史における非常に悲劇的な事情がここにあるのです。文明社会のあらゆる分野において実現すべきであった事柄を、当時の優れたブルジョワたちがどのように語っていたか、それを学ぶ人は、四〇年代から五〇年代の初頭にかけての時代に、何か諸民族の来たるべき春を感じさせられるのです。けれども、今申し上げた中間層は、現実への結びつきをゆるがせにし続けました。七〇年代が経過したとき、市民階級は自由の理念に違和感を感じるようにさえなっていました。市民階級は、四〇年代から七〇年代までを眠って過ごしたのです。

私たちはその結果を、はっきり見極めなければなりません。実際、衝動はあるときは高まり、あるときは鎮まります。私たちは、もっとも近い過去に生じた事柄を直視するときにのみ、人類の未来に希望を抱くことができるのです。これまでの意識魂の時代を人びとが眠って過ごしてきたのだ、と私たちが悟ったとき初めて、私たちは目覚めるのです。いつ眠ったのか、どのくらいの間眠り続けたのかを知らず、そもそも眠ってしまったことさえも知らずにいたならば、私たちは目覚めようとはせず、これからもさらに眠り続けるでしょう。

　時代霊としての大天使ミカエルは七〇年代の終わりに現れましたが、その当時、市民階級は政治の分野における自由の理念の衝動を理解しませんでした。この時期、人類の中に入ってきたあの霊的諸力は、まずこの理念を闇で覆いました。もしも本当にそうしようと努めるなら、私たちはこのことをはっきりと学習できます。当時の人びとは、政治生活の形成を一九世紀末の人びととはまったく違った仕方で考えていました。もちろん抽象的ではありましたが、光に溢れた一八四〇年から四八年までの理念と、一九世紀末に地上のあらゆる地域で「高い人間性の理想」と呼ばれたものとの間の対立ほど大きな対立は存在しません。この「高い人間性の理想」のすべてが破局に陥るまで、言い換えれば、こんにちに到るまで、人びとはこの高い人間性の理想を唱え続けていたのです。

　ですから、空間的な考察には時間的な考察を付け加えなければなりません。つまり、四〇年代から七〇年代の終わりまで、市民社会にとってのもっとも生産的で、もっとも実り豊かなこの四〇年間に一種の睡眠状態が続いていた、と付け加えなければならないのです。なぜなら、その後は、上述の時点で達成され得たであろう事柄を達成することができなくなったからです。その後は、霊的な意味での完全な目覚めを通してしか、それを達成することができないのです。

近代史における諸事実は、このような関連をもっているのです。
四〇年代から七〇年代までの諸理念は、たとえ抽象的であったにしても、人間の相互信頼を唱え続けていました。仮定の問題ですが、もしもこの理念が具体的に受けとめられていたならば、もちろん始まりにすぎないのですが、人間同士の共存共栄の始まりが生じたことでしょう。この相互信頼は、現在は特に思考と感情の分野ですっかり失われてしまいました。だからこそ、現在まさに社会生活においては、はるかに深い、はるかに集中した霊的な理念を私たちは手に入れなければならないのでず。私はここで、未来のためにこの理念を皆さんの前に提示したいと思います。どうぞ皆さん自身で、さらにこの理念を具体化するように試みて下さい。

　未来の人類に希望をもたらすことのできる唯一の理念は、人間が互いに関心を持ち合うことでなければなりません。私が「人類」と言うのは、社会的な共同生活のことです。意識魂時代の特徴は、人間が互いにばらばらに生きていくことです。内的にも相手から切り離されて生きることが個性となり、人格となるのです。しかし、この孤立化の傾向は、その対極を持たねばなりません。そしてその対極とは、人間相互の間に活発な関心を育て上げることなのです。

　相手に興味を持ち合うこと、意識魂の時代には、このことがますます意識的に実践されなければなりません。自分のうぬぼれや利己心も、ますます意識化されなければなりません。私の書『いかにして超感覚的世界の認識を獲得するか』の中では、もっとも基本的な霊的衝動として、まさに人間に関心を持つことを強調しました。皆さんはこの本のいたるところに、いわゆる「積極性」、つまり肯定的な態度について述べられているのにお気づきになるでしょう。現代のたいていの人がこの積極性を高めようとしますと、これまでの人生の道とは逆の道を歩まざるを得なくなるでしょう。なぜなら、現代のたいていの人は、積極性とは何かを理解していないからです。人は、もしも相手の中に気に入らないところを見出すと――私は深い心理を問題にしているのではなく、外から観察できる場合を言っているのですが――、すぐに相手を批判し始めます。しかも、相手に興味を持たずに、ただ相手を批判するのです。これは最高に反社会的なことです。たぶん逆説的に響くでしょうが、そうなのです。すぐに共感、反感で相手に対することは、人類の未来の発展にとって最高に反社会的なことなのです。

これに反して、未来にとってもっとも意味ある、もっとも美しい社会的な態度は、他人の欠点に対して、まさに自然科学的な、客観的な向き合い方をすることです。他人の欠点を批判することよりも、それに興味を持つことのほうが大事なのです。そうすれば、いつか第六、第七文化期という、未来の時代になったときに、他人の欠点をますます愛情を持って受けとめるようになるでしょう。

古代ギリシアにおいては、有名なアポロン神殿の上に、「汝自身を知れ」と記されていました。自己認識は当時、達成されるべきもっとも重要な課題でした。しかし自分の魂の中に入り込むようになってからは、この課題がますます不可能になっていきます。自分自身の中に入り込むことによって、人はこんにち、ほとんど自分のことが分からなくなっています。人びとは、もっぱら自分自身の中に入り込んでいるので、根本的に自分が分からなくなっています。他人に、特に他人の欠点にしか眼を向けようとしないので、そうなってしまったのです。この事実を、ひとつの自然科学上の事実が証明しています。こんにちの自然科学者は人間・動物・植物の謎を解こうとするとき、ふたつのことを行います。たぶんこのことは前にもお話ししたと思いますが、非常に重要なことなのです。第一に、自然科学者は実験を行います。生命のない、無機的自然に対しても、有機的自然に対しても、実験を行います。実験を行いますと、生命の世界から切り離されます。実験の結果を見れば明らかなように、実験は、死だけを生じさせるのです。たとえオスカー・ヘルトヴィヒ（一八四九―一九二二年）のような優れた科学者の実験方法を用いるときでも、そこには実験対象の死だけしか存在していません。実験によって解明できるのは、生命存在の生ではなく、死だけなのです。ですから、実験によって生命の秘密を知ることは決してできません。これがひとつの側面です。

けれども、こんにちまだ非常に不十分で、まだまったく始まったばかりなのですが、人間の本性を解明するのに非常に適した研究方法があります。それは病理学的な研究方法です。いわば完全には健常ではない人に向き合うと、お前はこの人とひとつになれる、という感情が私たちの中に生じます。お前は認識を通して、この人の中に深く入っていくことができる、お前がみずからを深めていけば、さらに深く入っていくことができる、という感情です。

ですから、私たちは実験によって現実から引き離され、ゲーテが「間違えた形成」と呼んだ病的現象を考察することによって現実の中に導かれるのです。しかし、病的現象を観察するには、肯定的な感覚が必要です。私たちは決してその観察に反感を抱いてはなりません。まさに悲劇的な事柄こそ生命のもっとも深い秘密を明らかにしてくれる、と言えるようでなければなりません。脳とは何かを知るためには、病んだ脳を研究しなければなりません。そして、そうすることこそが他人に関心を持つための道なのです。私たちの興味を引き寄せるために、自然が病気という荒っぽい手段を使っている、と私は言いたいのです。他人に興味を抱くことは、未来へ向けて人類を社会的に前進させることなのです。一方、はじめから他人に反感を感じたり、反発したり、積極性とは反対のことをすると、人類は社会的に退行するのです。以上の事柄はすべて意識魂時代の秘密と深く結びついています。

人類は、どの時代にも特定の何かを発達させます。そして、それが進化の過程で大きな役割を演じています。先回の最後に述べた言葉を思い出して下さい。歴史的現実の中にますます生と死を見ることができなければならない、と申し上げました。新しい霊的な啓示によって何かが生まれ、人が創造する何かによって死が生じます。意識魂時代の本質は、創造したものは死滅する、という意識をもって働くことです。死は創造過程の中に混入しています。近代のもっとも重要な事実は、死をもたらす諸制度をつくり出したことです。死をもたらすものを創造することが間違いなのではなく、それが死をもたらすことを意識しようとしないことが間違いなのです。

意職魂の時代の最初の五分の一が過ぎたこんにちでも、人びとは「人は生まれ、そして死ぬ」と言います。しかし「もし人が死ぬのなら、何のために生まれてくるのか」とは考えません。生まれることは無意味だ、死ぬことが分かっているのだから、生まれてくる必要はない、とは言いません。

そんなことは言わないのです。人びとは外なる自然の中で生きながら、自然の教訓に従って生と死を受け入れています。歴史生活の分野では、生と死を受け入れるところまで来ていません。生まれたものはすべて絶対に善であり、永遠に存在し続ける、と思っています。

意識魂の時代においては、歴史の分野においても、生と死に対する感覚を育てなければなりません。子どものおもちゃであれ、世界帝国であれ、人が生み出したものは、死ななければなりません。そのことを意識していなければなりません。一度は死ななければならない、という意識をもって生み出すのでなければ、とんでもない結果を生じさせます。人間は地上で永遠に生きることのできる子孫を生み出す、と信じるのと同じことなのです。

愛する皆さん、生と死を意識魂時代の魂の内容にしなければなりません。ギリシア＝ラテン期においては、それを魂の内容にする必要がありませんでした。なぜなら、歴史生活が生と死の中でおのずと営まれていたからです。何かが生じ、そしておのずと消えていきました。意識魂時代の人間は、この生と死を社会生活の中で意識して受けとめなければなりません。そして、そのための感覚を身につけなければなりません。ギリシア＝ラテン文化期においては、その時代の状況の下で、この感覚が人間本性の中に植えつけられました。

ギリシア＝ラテン期中葉の人間にとって、ほぼ三〇代の始まり頃が、人格を発達させる上で、もっとも重要な時点に当たります。この年齢の頃に、当時の人間の中に働いていた二つの力が出会ったのです。

人は生まれ、そして死にます。しかし誕生時に働いている力は、一生のあいだ働き続けます。ただ誕生時に、特にはっきりと現れるのです。この力にとって、誕生はひとつの重要な徴候にすぎません。他の諸徴候は、より重要ではありません。同じように、死の力も誕生と共に働き始めますが、死に臨んで、その力が特にはっきりと現れるのです。この生と死の両極の力は、常に存在しており、互いに一種の均衡を保っています。

ギリシア＝ラテン期の場合、この均衡は三〇代の始めにもっともはっきりと現れました。三〇代の始めまで、「心情」が発達し、その後はおのずと「悟性」が発達しました。三〇代までは、教育によって悟性を発達させることができました。私たちがギリシア＝ラテン期の心情魂＝悟性魂について語るのは、三〇歳までは心情が、その後は悟性が発達するからです。

しかし、意識魂時代の現在は、そうではありません。現在は人生の半ばに達する以前に、人格の成長が中断されます。現代人のほとんどが二七歳になるかならないうちに、特に中間階級に当てはまることですが、学習したものを頼りにのろのろ歩みを始めます。ある事情から、そのことがよく分かります。考えてみて下さい。現代では、二七歳以降になっても何らかの分野で、本質的な変化を遂げることのできる人はめったにいません。せいぜい肉体が衰え、手が震えるようになるだけです。そういう言い方はよくありませんが、似たようなことがどこにでも見られます。こんにちの人は、二七歳になる以前に、一人前に完成されていたいと思っています。

考えてみて下さい。二七歳までに、何かまともなことを学んだ人がいたとします。いわゆるインテリ層の誰かが、二七歳までに何かを学び、独立した社会人になろうとします。もし皆さんが、そういうインテリに対してファウストのようになれ、と要求したとします。ファウストのように、ある学部を卒業するだけでなく、五〇歳までに四つの学部で研究を修了するように要求するのです。――私は大学に行くことを言っているのではありません。四つの学部のためには、たぶん大学よりももっとよい研究手段があるでしょう。こんにち、研究生活を通して変化しうる人間になるというのは、本当にめったにないことです。古代ギリシア人の場合は、はるかに多くそのような例が見られました。なぜなら、三〇代の始めになっても、成長の糸は切れなかったからです。誕生と共に始まる力はまだ非常に活発だったのです。そしてそれから、死に向かう力が生成の力と出会い、そして人生の半ばで、両方の力の均衡状態が生じました。

ところが現在、たいていの人は二七歳で、でき上がった人間であろうとします。三〇代の終わりになっても、さらに学び続けることはできるでしょうが、一体どれほどの人がそう望むでしょうか。どれほどの人が、人類の未来にとってもっとも必要なこと、絶えず学び続け、絶えず歩み続けることの意味を理解しているでしょうか。そしてこのことは、先に述べたように、人と人とが互いに興味を持ち合うのでなければ成しえないのです。互いに愛を込めて向き合い、相手の個性に興味を寄せることの意味を、私たちは理解できなければなりません。人類がそういう課題をもっているということは、現在めったにそれが実現できていない、ということでもあります。

今述べたことは、魂の進化に関わるひとつの重要な事実を明らかにします。生と死を結びつける糸は、二六歳と二七歳の間、または三七歳と三八歳の間で一度切れます。これは、生と死の力が正しく結び合おうとしない一〇年間です。ギリシア＝ラテン期には、この二つの力がまだ結びついていましたが、現在の人間がそれを可能にするためには、外なる歴史生活の中で生と死を学ばなければなりません。言い換えれば、外的な生活を考察するとき、大胆に、恐れることなく、周囲に眼を向け、成長と衰退とを人生のあらゆる分野で意識的に受けとめなければならない、と自覚するのでなければなりません。同じ社会が永遠に存続することはありません。社会のために建設する人は、何度も何度も新しく建設しようとする勇気をもたなければなりません。立ち止まってはなりません。なぜなら、建設されたものは、古くなり、死滅していかざるを得ないのです。新しいことをそのつど、創り出さなければならないのです。

このように、生と死は、第四後アトランティス期である悟性魂＝心情魂の時代には人間の内に働いていました。当時の人は、それを外に見出す必要はありませんでした。今、意識魂時代の私たちは、それを外に見なければなりません。その代わり、自分の内ではそれとは別のものを発達させなければなりません。愛する皆さん、別のものを発達させることが重要なのです。人間を図式化してみますと、第四文化期においては、人間が内に眼を向けるとき、生と死が意識的に体験できました。現代の人は、生と死をまず外なる歴史生活の中に見、それから内にもそれを求めなければなりません。だからこそ、意識魂時代の人間が、真の意味での生と死を、言い換えれば輪廻転生の意味での生と死を自覚することが限りなく重要なのです。この自覚なしに、歴史的発展の中で生と死を把握することは不可能です。

しかし、第四後アトランティス期から第五後アトランティス期にかけて、生と死が内から外へ現れてくるように、第五後アトランティス期の人間は、別の何かを自分の内に発達させ、第三・千年紀に始まる第六文化期にそれが外に現れるようにしなければなりません。愛する皆さん、私は「悪」のことを申し上げているのです。悪は、第五後アトランティス期には、人間の内部で発達します。そして第六文化期になって外に現れ、外で体験されるのです。第五文化期においては、生と死を外に体験します。そして悪を内的に、人間の内部で発達させなければならないのです［図9］。

たしかに、不愉快な真実を申し上げています。人は言うかもしれません。我々も第四後アトランティス期に重要であった生と死を内的に体験することができる、と。しかし当時は、宇宙的な意味で、誕生と死を理解していたのです。例えば、処女懐胎、復活、ゴルゴタの秘儀として、です。第四後アトランティス期の人間の前に、イエス・キリストの誕生と死が立っています。なぜなら、誕生と死が第四後アトランティス期に特別重要だったからです。

ふたたびキリストが、エーテル界に現れます。私たちは一種のゴ

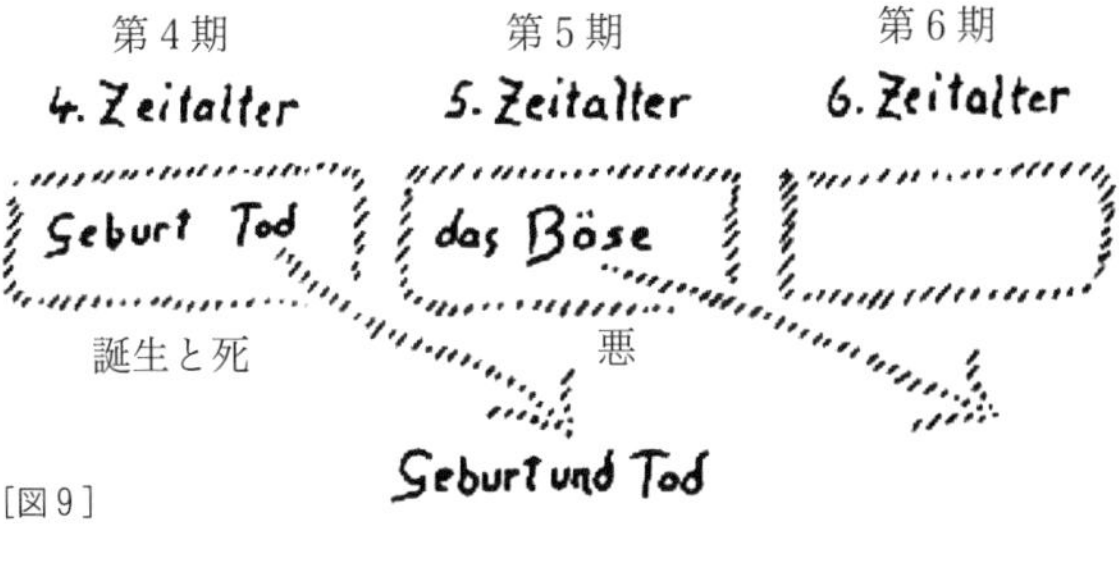

［図９］

ルゴタの秘儀をふたたび体験しなければなりません。そのとき悪が、第四後アトランティス期における誕生と死のような意味をもつでしょう。第四後アトランティス期においてイエス・キリストは、地上の人類のための衝動、つまり「キリスト衝動」を、死から発展させました。キリストの死から「キリスト衝動」が、人類の中に流れ込んだのです。同様に、特別矛盾した仕方で、第五後アトランティス期の人類は、悪からゴルゴタの秘儀を更新するのです。キリストが第四後アトランティス期に、死を通して出現したように、今、悪の体験を通して、キリストがふたたび出現するのです。

　愛する皆さん、このことを洞察するには、ゴルゴタの秘儀との関連で、悪の秘儀について、少しく語らなければなりません。私たちはすでに何度か、悪の秘儀について語りました。しかし、悪の秘儀をゴルゴタの秘儀との関連で語ることが、次なる歴史徴候学の問題にならなければなりません。

第五講

一九一八年一〇月二六日

第五後アトランティス期における「悪の秘儀」について語るときには、現在許されている一定の制限内においてでさえ、心が深くゆさぶられます。それは私たちの時代である第五後アトランティス期という「意識魂の時代」のもっとも深い秘密に触れることなのだからです。このことについて語るときには、まだ非常に未発達なこんにちの人間の理解能力を逆撫《さかな》ですることになるでしょう。現代人はこの点、まだ感受性を発達させていないのです。けれどもここで、どうしても「悪の秘儀」とそれに関連のある「死の秘儀」に触れないわけにはいきません。悪と死については、近代におけるすべてのいわゆる「秘密結社」が繰り返して、比喩的な仕方で取り上げてきました。

とはいえ、例えばフリーメーソン結社においても、この比喩的な表現は、特に一九世紀の七〇年代以降、あまり真剣に受けとめられなくなってしまいました。受けとめたとしても、ほぼ二年前に、現代史に関して私がこの場所で述べたような仕方でしか受けとめられなくなってしまったのです［一九一六年一〇月に行われた連続講義『ゲーテと一九世紀の危機』、特に一〇月一五日の講義のこと―訳者］。

二年前にも、私は深刻な問題意識に突き動かされてお話ししました。実際、こういう事柄に通じている人なら、それが人間本性の根底に触れるものである、と分かっているはずなのですが、現代ではこういう事柄を理解しようとする意志があまりにも失われてしまっているのです。しかし、理解しようとする意志は必ず生じるでしょうし、生じなければなりません。私たちは可能に思われるすべての道の上で、この意志を生じさせるように努力しなければなりません。

こう語ると、現代を批判しようとしているかのように思われてしまいます。昨日も述べたように、特に一九世紀の七〇年代以降の、しかしもっと遙か以前からの市民社会の考え方を取り上げますと、皮相な見方をすれば、一種の世相批判をしているように思えるでしょう。しかし、ここで問題にしているのは、批判ではなく、どんな作用と衝動がそこに働いているのかを見極めることなのです。一定の観点からすれば、そういう衝動も、必然的な働きであると言えます。市民社会の人びとが一九世紀の四〇年代から七〇年代の終わりまで眠り込んでいたのも必然的なことだった、と言うことができます。世界史上の必然だったと言えます。しかし別の観点に立てば、この眠り、この文化の眠りをふまえて、それを積極的に生かすこともできるのです。

そして現在、それによって私たちの認識衝動・意志衝動を呼び起こし、そしてこの事実を未来へ向けて役立てることができます。

先に触れたように、一定の制限内でしか述べることができませんが、この二つの秘儀は、一五世紀以降の意識魂時代の人類の進化にとって、特別の意味をもっています。死の秘儀と悪の秘儀の二つは、現代においては、互いに関連しています。まず死の秘儀に関して言えば、それは重要な問いを提示しています。――「人類の進化にとって、死とは何を意味するのか」。

すでに述べたように、現代の科学は、死に対してあまりにも安易な態度をとっています。たいていの科学者にとって、死とは生の終わりにすぎません。植物、動物、人間にとっての死を、そのような観点から捉えています。

霊学は、すべてを一律に扱ったりはしません。懐中時計の終わりも死であるなどとは言いません。人間の死は、他の存在のいわゆる「死」とはまったく違っています。死という現象を理解するには、死を宇宙の作用力との関連の下に考察しなければなりません。この作用力は、人間に働きかけて死をもたらします。もしも宇宙におけるこの作用力が働いていなかったら、人間が死ぬことはなかったでしょう。この作用力は宇宙の中で働き、そして人間は宇宙に属しています。ですから、この作用力は人間にも浸透して、死をもたらすのです。

そこで次のように考えてみて下さい。宇宙に働くこの作用力は、人間に死をもたらす以外にどんな働きをしているのか。

人間に死をもたらすこの作用力が、人間を死なせるために宇宙に存在している、と思ったら、まったくの間違いです。そうではなく、人間に死をもたらすのは、単なる副作用にすぎないのです。鉄道機関車の仕事が少しずつ線路を壊《こわ》すことだ、とは言えません。それにもかかわらず、少しずつ線路を壊していきます。機関車は線路を壊すことしかできません。しかし機関車の仕事は、このことにあるのではありません。目的は別のところにあります。もしも、機関車とは線路を壊す仕事をする機械である、と説明する人がいたとしたら、もちろんナンセンスです。しかし、線路が傷《いた》むのが機関車の存在と無関係でないことは、誰も否定できません。人間を死に到らしめる宇宙の作用力が人間を死に到らしめるために存在している、と言う人は、それと同じようなナンセンスな説明をしているのです。宇宙の作用力が人間を死に到らしめるのは、ひとつの副作用にすぎません。本来の仕事との関連で、このことが生じるのです。

それでは、人間を死に到らしめる作用力の本来の仕事とは何なのでしょうか。それは、人間の意識魂能力を完全に発達させることなのです。だからこそ、死の秘儀は第五後アトランティス期の発展と深い関わりがあるのです。一般に、この第五後アトランティス期において死の秘儀が開示される、ということが重要なのです。私は意識魂ではなく、意識魂能力と言いました。この能力を人類の進化の過程に組み入れるための働きが、その副作用として、人間に死をもたらすのです。

このことは、皆さんに死の秘儀を理解させるだけではなく、重要な問題を正確に思考するように促しています。現在の思考の働きは、多くの点でいいかげんなのです。このことは批判ではなく、性格づけです。実際、現在の思考は、特に通常の科学においては、ほとんど常に、「機関車は線路をだめにする仕事をしている」と述べるようなやり方をしています。こんにちの科学は、たいていの場合、このようなレヴェルで語っています。このレヴェルの思考は、人類にとって明るい未来をもたらすのには何の助けにもなりません。明るい未来は、意識魂の時代には、完全に目的意識に目覚めた状態においてしか実現できないのです。

このことは、時代の深刻な真実なのです。人びとは霊学の助けなしにも、社会経済上の提言をすることができると思っていますから、一見深い根拠があるように見える社会思想が繰り返して語られています。けれども、霊学の基礎なしに、未来へ向けての社会の在り方について何事かを語ることはまやかしなのです。このことが分かっている人だけが、現代という時代にふさわしい考え方ができるのです。霊性に欠けている科学の立場に立って社会経済学を論じる大学教授の知性をいまだに信頼している人は、時代を眠って過ごしているのです。

この死の作用力は、私の『神秘学概論』に述べられているように、すでに以前から人間の身体組織に働きかけ、そして今はじめて魂の中に働きかけるようになりました。人間は地球進化の今後のために、この死の作用力を自分の魂の中に受け容れなければなりません。そうすればこの力が、現代という時代の流れの中で、意識魂能力を完全に発揮させてくれるでしょう。

死の秘儀について、つまり宇宙の中に働く、人間に死をもたらす作用力について語ったのと同じ仕方で、「悪の作用力」についても語ることができます。悪の作用力もまた、人類の秩序の中に悪しき行為を生じさせるために存在しているのではありません。この場合も、副作用にすぎないのです。もしも宇宙の中に死の作用力が存在しなかったら、人は意識魂を発達させることができなかったでしょう。そして、その後の進化の過程で、霊我、生命霊、霊人の力に向き合うことができなかったでしょう。霊我、生命霊、霊人の力を受容するには、意識魂を発達させなければならず、そのためには、第五後アトランティス期に死の作用力を——三千年期の中葉までに——完全に自分の魂の中にこの作用力を受け容れなければならないのです。

しかし人は同じ仕方では、悪の作用力を自分の魂の中に受け容れることができません。人は宇宙の悪の作用力を、現代において死の作用力を受け容れるように、木星紀になってから初めて自分の魂の中に受け容れることができるようになります。ですから、現代において悪の作用力が人間に働きかけるのは、あまり集中した仕方ではなく、人間の魂の一部分だけに対してなのです。

悪のこの作用力の本質を洞察しようとするなら、その力の外的な結果に眼を向けるのではなく、自分の魂の中に悪の力を見出そうとしなければなりません。宇宙の中に働く悪の力が、人間の中にも働きかけている限りでの悪の力を、です。人間の内部においてのみ、深く心を動かされずには語れないような悪の作用力が始まるのです。こうした事柄を本当にこの上もなく深刻な態度で受け容れるときにのみ、この作用力は始まります。悪を人間の中に求めようとするときには、人間社会の悪行の中に求めるのではなく、悪への傾向、悪しき傾向の中にそれを求めなければなりません。どんな人の中にも多かれ少なかれ存在する悪への傾向の結果から眼をそらして、眼を悪しき傾向そのものに向けなければなりません。そして、私たちの第五後アトランティス期の内部での悪しき傾向は、どんな人の場合に働くか、と問わなければなりません。この傾向が副作用を生じさせるとき、悪しき行為となって現れるのですが、一体どんな人の場合に悪しき傾向が働くのでしょうか。

　この問いの答えを見出すためには、いわゆる「守護霊の境域」を超えて、人間の本質を本当に学び取ろうとしなければなりません。そうすれば、この問いの答えが見出せます。そしてその答えとは、「第五後アトランティス期のすべての人の場合に、悪しき傾向、悪への傾向が無意識の中に存在している」、ということです。

　第五後アトランティス期、つまり近世文化期に入るということは、自分の中に悪しき傾向を受け容れるということなのです。第五後アトランティス期においては、どんな人も無意識の中で犯罪への傾向をもっているのです。霊界への境域を超える人は、このことを経験します。あれこれの場合に、悪しき傾向が悪しき行為となって外に現れるか否かは、この傾向とはまったく別な事情によるのです。皆さん、現代の人びとに真実を語らなければいけないときには、安易な真実を語ることは許されないのです。

だからこそ、さらに次のような問いが生じます。――人間に悪しき傾向を呼び起こすこの作用力は、宇宙の中で、一体何をしようとしているのか。人間の本性に働きかけるこの作用力は何を欲しているのか。

この作用力は、宇宙の中で、人間社会に悪しき行為を生じさせるために存在しているのではありません。その力は、後で述べるような理由から、人間に悪しき行為を生じさせるのですが、死の作用力が人を死なせるために存在しているのではないように、この悪の作用力は、人間に犯罪行為を起こさせるために宇宙の中に存在しているわけではないのです。人が意識魂を発達させるべきときに、霊的生活を、昨日も述べたような仕方で受け容れようとする傾向を人間の中に呼び起こすために、宇宙の中に存在しているのです。

宇宙の中には、この悪の作用力が働いています。人はそれを受け容れなければなりません。それを受け容れることで、霊的な生活を自分の意識魂で体験するための萌芽を、自分の中に移植するのです。

人間の社会秩序に反するこの作用力は、悪しき行為を呼び起こすために存在しているのではなく、意識魂の段階に立つ人間が霊的生活の中に入っていけるために存在しているのです。人が悪への傾向を受け容れなかったなら、意識魂で霊を宇宙から受けとろうとする衝動をもてなくなったでしょう。この霊の働きこそが、これからのすべての文化生活を実りあるものにするのです。

人間の悪しき行為という戯画となって現れるこの作用力から、今後何が生じるべきなのかを、一度よく考えてみて下さい。そして同時に、悪しき傾向を促す力でもあるこの作用力の影響の下で、人類はどんな進化を遂げるのか、と問いかけてみて下さい。そうすれば、未来への最上の準備ができるのです。

いいですか。この問題を取り上げることは、人類の進化の根幹神経に触れることなのです。こういう事柄のすべては、同時に現代の人類社会の不幸と結びついています。なぜなら、現代の人類社会に生じた不幸、これからも生じるであろう不幸は、人類に襲いかかってくる別の事柄の先触れである、遠い稲光のようなものにすぎないのです。この稲光は、今のところは、やがて来るべき事柄の正反対を示しているのです。

これらのすべては厭世主義へのきっかけではなく、力強い衝動への、目覚めへのきっかけなのです。これらすべての事柄は、厭世主義を生み出すためにではなく、目覚めを誘うために取り上げられるのです。具体的に生活上の事実から出発してみましょう。

いいですか、昨日言いましたように、意識魂時代の人類のひとつの本質的な衝動は、人から人への関心が育つことでなければなりません。ある人が別の人に対して抱く関心は、ますます大きくならなければなりません。この関心は、今後の地球紀の進化のために大きくならなければならないのです。特に四つの分野で人への関心が高まらなければなりません。

第一に、未来へ向かって生きていく人は、常に別の眼で周囲の人を見なければなりません。現代人は、すでに意識魂時代の五分の一以上を経てきたにもかかわらず、三千年紀に入るまでに身につけるべき態度で周囲の人を見るようにはまだなっていません。人びとは互いにまだ相手のもっとも重要な側面を見過ごしています。本来、相手をまともに見ていないのです。

この点で、さまざまな転生を通して芸術によって身につけた事柄をまだ十分生活に活かしているとは言えません。芸術の発達によって多くのことを学ぶことができます。私は方々で、芸術の発達から学ぶことに言及してきました。この連続講義で求められている徴候学研究を行うのなら、ほとんどすべての分野における芸術創造と芸術鑑賞とが現在は退廃に陥っている、ということを否定できません。芸術の分野では、まさにここ数十年の間にさまざまな試みがなされてきましたが、その試みのすべては、芸術そのものが衰退期にあることをはっきりと示しているのです。芸術が人類の進化に受け継がれるべきもっとも重要なことは、人びとが芸術教育によって、将来のためにどんな理解力を示すことができるか、ということなのです。

芸術は、もちろんジャンルによってさまざまな効果をあらわしますけれども、どんな芸術も、人間をより深く、より具体的に認識させてくれる何かを含んでいます。

例えば、絵画や彫刻の芸術形態に心を集中させる人、音楽や文学の内的なリズムに没頭する人は（現代の芸術家自身はしばしば、そうしようとしていませんが）、人間を形象として理解できるようになるのです。そして人間を形象として理解するのは、意識魂の時代においては、特別必要なことなのです。この形象的理解について、すでにお聞きになったでしょうか。人間の頭を形象として受けとる人は、過去へ心が向かいます。夢は外的な感覚生活の名残りを映像として生じさせますが、現実生活を芸術的に見るときも、外的な感覚対象が霊的な像となって現れます。この像を通して、人間の霊的原像に到ることが可能なのです。そして未来には、他の人を霊視できるようにさえなるでしょう。頭部の形態や歩行の仕方が、現在とは別の仕方、別の関わり方で見られなければなりません。

人間を像として把握するときには、人間の自我の在り方を知ることができます。ですから、肉眼で見た人間と真の霊的＝超感覚的な人間との関係が物質界での形姿と画布に描かれた形姿との関係のように感じられなければなりません。

この基本感情を育成しなければなりません。人体の中に骨や筋肉や血液などなどの集まりを感じとるだけではなく、人体が永遠なる霊的＝超感覚的な存在の像である、と感じとれなければなりません。人間が傍らを通るとき、その姿の中に永遠なる超感覚的＝霊的な人間を見ようとするのでなければ、その人間を認識したことにはなりません。

未来の人間は、相手をそのように見ることができるようになるでしょう。

人間の形態と運動を永遠なるものの像と見なすとき、その像は、見るものを熱くしたり、冷たくしたりします。見る人を内なる熱や内なる冷たさで充たします。そうなったとき、ある人から熱いものを、別の人からは冷たいものを受けとりながら、この世を生きていくでしょう。一番いけないのは、熱くも冷たくもならないことです。内なる体験は、熱エーテルの体験にならなければなりません。熱エーテルは、人びとのエーテル体の中に働きかけます。熱エーテルは人から人へ伝わっていきます。それは高められた関心によって生じるのです。

第二に、こういう問題に疎《うと》い現代人の場合には、もっと矛盾した感情が呼び起こされるに違いありませんが、しかしたぶん、このときの反感から、それほど遠くない時期に、正しい事柄への共感が生じることでしょう。人間がこれまでとはまったく違った仕方で理解できるものになるでしょう。特に第五後アトランティス期が終わるまでの二千年間にそれが可能になるでしょう。もちろん二千年では十分とは言えません。もっと長く続き、第六後アトランティス期にまで及ぶでしょう。しかし、私が述べた自我認識のためには、特別の能力を身につける必要があります。すなわち、人間の中に、第三ヒエラルキアの天使、大天使、人格霊との関係を感じとる能力をです。そしてその能力は、人びとがこれまでとは違った仕方で言語に向き合うことによって、次第に発達していくのです。

言語はすでにその最盛期を通り過ぎました。この秋に行った連続講義『人間生成の科学―言語成立に際する宇宙理性の働き』からも、このことを知ることができたと思います。言語の発展期はすでに過ぎ、言語が抽象的になっています。そしてその結果、こんにちでは、この上ない虚偽の波が全人類に覆い被さっています。人びとは、民族言語の働きによって、人を知ることができなくなったのです。言語からでは人間の本質が見えなくなってしまったのです。

この点を理解するために、これまでもいろいろな機会に同じ例を挙げて説明してきました。最近もチューリヒでの公開講演の中で、このことに触れました。この問題を公開の席でも論じる必要があると思ったからですが（『人智学が人生に贈るもの』第八講「民族魂とゴルゴタの秘儀」参照）、一九世紀のドイツ＝中欧的な教養を身につけたヘルマン・グリム（一八二八―一九〇一年）の歴史方法論とウッドロー・ウィルソン（一八五六―一九二四年、アメリカ大統領［一九一二―二〇年］）のそれとを比較すると、本当に驚かされるのです。私は注意深く比較してみたのですが、私たちがウッドロー・ウィルソンのエッセーからある部分を取り出して、それをヘルマン・グリムのエッセーに挿入したとしても、十分に通用することに気がつきました。両者の言い分は、文章だけを取り出してみると、ほとんど同じなのです。同じように、ヘルマン・グリムの歴史方法論をウッドロー・ウィルソンの歴史方法論の中に組み入れることも十分に可能なのです。しかし、それにもかかわらず、両者の間には、大きな隔たりがあるのです。

両者のエッセーを読むと、この違いが分かりますが、それは内容の違いなのではありません。内容そのものは、言葉通りに受けとめるときには、未来へ向かう人類にとって、ますます重要ではなくなっています。大切なのは、次のことなのです。ヘルマン・グリムの場合、すべては、私たちが同意できないような部分でさえも、直接彼自身が苦労して獲得したものです。どの命題も、どの段落も、そうなのです。ウッドロー・ウィルソンの場合、彼の無意識の中に住む魔的なものが意識の中へ浮かび上がってくるかのようなのです。前者では、思想が直接、意識の表面で生み出されました。後者では無意識の中から魔的なものが意識に霊感を与えているのです。ですから、ウィルソンの述べていることは、憑霊《ひょうれい》の結果であると言わざるをえません。現代は、言葉の一致など大切ではない、ということを申し上げたくて、この例を取り上げました。

私はいつも非常に悲しい思いをさせられるのですが、人智学の友人たちがどこかで或る牧師や教授の言葉を見つけ出して、それがまったく人智学的だ、と言ってきます。しかし、それがどのように人智学的なのか、どうぞよく調べてみて下さい。

皆さん、こんにちのような文化期では、ある教授の政治的な発言でさえ、重要な箇所で、時代の現実にふさわしい認識を語ることができるのです。しかし、語られた言葉が問題なのではありません。人間の魂のどの領域からその言葉が発せられているかが問題なのです。大切なのは、言葉を通して、その言葉の発せられた領域を見抜くことなのです。

大切なのは、文章を作ることではなく、いかにそれが語られているか、です。霊魂に発する力が直接流れ出ていることが大切なのです。そして、言葉がどんなこころの源泉から出たものなのかを感じないで、言葉の一致だけに注意する人、人智学的な思想の全体的な関連の中から語られているのかどうかに注意を向けない人は、私の述べていることを誤解してしまいます。そして、どこかで見出した叡智ある言葉と人智学とを同じように感じてしまうのです。

もちろん、こういう例を取り上げるのは、愉快なことではありません。人の意向は現在、それとは反対の方向に向かっています。しかし真剣に語ろうとすれば、語ることで一種の安らぎを与えるのでも、文化上の睡眠剤を提供するのでもありませんから、多くの人に不快感を与えるような、こういう例を取り上げる必要もあるのです。ですから真剣に考える人であれば、今世界が精神薄弱的なアメリカの教授［ウッドロー・ウィルソンのこと―訳者］が世界秩序をうち立てようとしている事実に気がつかなければ、世界は今後大変なことになってしまう、という私の警告にも耳を傾けてくれると思います。

現実を語るのは、こんにちでは、愉快なことではありません。多くの人にとって、しばしば反対のことのほうが愉快なのです。いずれにせよ多くの人は、皆にとって当然だと思えるような内容しか語ろうとしていません。

言葉を通して見るということ、これこそが今求められているのです。ですから、言葉の中に人の本当の姿が見えなければなりません。そうできるようになるには時間が必要です。たぶんこの時代が終わり、次の時代になってからでしょう。三千年紀になれば、他の人に話しかけるとき、現在のようにではなく、第三ヒエラルキアの天使、大天使、人格霊にふさわしい話し方をするでしょうが、それには霊界に参入することが必要です。

霊界に参入するとき、第一に言語を通して人間の魂の声を聞くことができるようになります。そしてこのことは、これまでとはまったく違う社会生活を可能にします。それにはまさに悪の力によって、人の言葉に耳を傾け、魂の声が聞けるようにならなければなりません。

言葉から魂の声が聞こえてくるようになるとき、第二に、独特な色彩感情が人びとに生じます。そして言語のこの色彩感情の中で、人びとは民族を超えて理解し合えるようになります。ある音声は青い色面を見るのと同じ感情を呼び起こし、別の音声は赤い色面を見るのと同じ感情を呼び起こすでしょう。人を見るときに、従来は熱しか感じられなかったのですが、それが今、声に耳を傾けることによって、声が色に変わるのです。音声が人の口から人の耳へと響くとき、その音声を心から共体験することが可能になります。

第三に、人びとは他の人の感情表現を心から体験できるようになります。その場合、言葉だけでなく、他の人に向き合うとき、自分自身の呼吸の中に他の人の感情形式が体験されるのです。呼吸は地球の未来においては、向き合う相手の感情生活に応じた在り方をするようになるでしょう。私たちの呼吸を、ある人はより速く、別の人はよりゆっくりとさせるでしょう。そして私たちは、より速く、またはよりゆっくりと呼吸しながら、相手と共に生きるのです。どうぞ、考えて下さい。未来の社会共同体はどのように形成されるのでしょうか。人間の共同生活はどれほど深いものになるべきなのでしょうか。こういうことが実現するには、もちろん長い時が必要でしょう。呼吸が人間の魂と一体になるまでには、第六後アトランティス期全体を超えて、第七後アトランティス期に到る時の流れが必要でしょう。

そして第七後アトランティス期には、第四に取り上げるべき問題が一部分達成されるでしょう。人びとが人類共同体に属することを願うときに——あまりいい表現ではありませんが——、互いに相手を消化し合うようになるのです。誰かと一緒に何かを行おうとするとき、現在の私たちが何か料理を味わうときと同じような内的体験を持つようになるでしょう。意志の分野で、人びとは互いに相手を消化し合うのです。感情の分野では、互いに呼吸し合い、言葉による理解の分野では、互いに相手を色として感じ合います。そして、本当に相手を見ることができたとき、互いに相手の自我が分かり合えるのです。

しかしこういう働きはすべて、内なる魂の働きですから、完全に発達するためには、木星紀、金星紀、ヴルカン星紀を待たなければなりません。しかしこれらすべては、すでに地球紀の人間によって求められています。そして、現在のこの恐るべき破局的な状況は、今述べたような、来るべき状況に対する人類の反抗であり、反感のあらわれなのです。

　人類は未来への方向に反抗します。すべての地域的な権益が未来において克服されなければならないゆえに、現在の人類はそれに反抗して、人間は国民ごとにまとまらねばならない、という安易な命題を世界中にふりまくのです。現在、世界に起きていることは、人類の進化を望む神の意志に対する反抗なのです。来るべき事柄を正反対の方向へ歪めようとするのです。いわゆる「悪の秘儀」を受け容れようとするなら、このことに眼を向けなければなりません。なぜなら、悪は人類の進化に働きかけようとするための副作用だからです。機関車が長距離を走らなければならないとき、傷んだ線路上に来ると、線路を壊します。そして、自分も先へ進めません。人類は、お話したような目標へ向かって進化しようとします。意識魂の課題は、人類が意識してその目標に向かって努力しなければならない、と認識することです。しかし、今は傷んだ線路が敷かれていて、もっとよい線路に取り替えるまでに、かなり長い時間がかかります。なぜなら、傷んだ線路をよい線路に替えようと、まだまったくしていないのですから。

　しかし皆さんもご存知のように、霊学はペシミスティックな思想ではありません。霊学は、どんな発展の途上を人間が今歩いているのかを認識できるようにします。そして、少なくとも人生の祝祭的な瞬間には、こんにち、いたるところに見られる反動的傾向から自由になれるように求めます。

しかし、そこから自由になるのは非常に困難なことですから、誰でもすぐに以前の状態に戻ってしまいます。ですから、こういう事柄を率直に語ることはとても難しいのです。実際この点、人類は今、奈落に落ちようとしています。ですから、絶えず目覚めるように求めなければならないのです。

一定の限界内でしか語れないこともあるのですが、そういう事柄は、当然、まったく取り上げられないか、またはあとのばしにされます。ごく最近の例を挙げますと、一週間前に、私はスイス史の徴候学について語ろうと思いついたので、今日《きょう》までこの問題をいろいろと考えてみました。しかしスイス人でない私が、一五世紀から現代までのスイスの歴史徴候学をこの地のスイス人たちに話すとなると、奇妙な状況に陥ります。こんな話をしたからといって、どうぞ気を悪くなさらないで下さい。今年の七月に誰かがドイツかオーストリアかで、現時点での歴史上の事件か人物のことをすでに述べていたとします。またはオーストリアで五年、または一五年、三〇年前に、こんにちの政治状況を述べていたとします。一体そんなことができるでしょうか。ですから、もし私がこの場で、三〇年後のスイス史について語るかのようにスイスについて語ったなら、聴く人の気分を非常に害してしまうでしょう。ですから、私は今、それに近いような話し方をすることになりますが、こんにちの人びとの魂の内部深くに存在するものを考えますと、そうせざるをえないのです。多くの点で、人びとは——私たちももちろんその中に数えられます——、多くの分野において、特に身近な分野において、真実の声に耳を傾けようとはせず、睡眠薬をほしがっています。ですから、人びとが私に期待する分野で、私が睡眠薬を提供しなかったら、きっと私は人びとの気分を害してしまうに違いありません。

　私は結局、あれこれを考えて、今のところ、これらの事柄を取り上げずにおこうと思いました。現在、ある種の事柄を、昨日述べたような仕方で取り上げて、ロシア革命を論じたり、中産階級と大衆との関係、左翼的な過激派との関係を述べたりするとき、そのことについての判断は、人によってさまざまでしょうが、そういうことをここスイスで論じても、あまり危険とは見なされません。ときには日曜の午後のお説教のように受けとられます。実際そうなのです。人びとは、幻想とは言わないまでも、快い期待に耽《ふけ》ろうとします。しかしそれでも、人によっては、事態を深刻に受けとめて、日曜日の午後のお説教以上の影響を受けるでしょうが、ここ数年の重要な出来事について言えば、経験はその反対を示しています。しかしごく身近な事柄となると、そうは言えません。スイス人がスイス人のためにスイス史の問題を考察するときには、です。

私はチューリヒの公開講演で近世史を概観しました（一九一八年一〇月一七日）。そのときにも――私は必要ならば、どんな過激な結論を引き出すことにも躊躇しませんが――、話を一定の限界内にとどめなければなりませんでした。なぜなら、目下のところ、たいていの人にとって、ウッドロー・ウィルソンを偉大な人物、世界のために働く男と見なすことが非常に好ましいからです。そういう中で真実を語るとなると、その真実は不愉快なものになり、そういう話をすると、平和を乱す者にされてしまいます。超感覚的な源泉から汲み出さねばならなかった真実を語るときは、常にそういう結果を招くのですが、ただ、私たちは意識魂の時代に生きていますから、一定の真実を人びとに打ち明ける必要があるのです。

人びとが理解してくれない、と繰り返して語ることは、非常に安易な態度です。人びとが理解してくれても、くれなくても、それにこだわるべきではありません。人びとに話す機会が与えられたなら、ふさわしい真実を語る義務を果たしているかどうかを問わなければなりません。真実を人びとが受け容れてくれるだろうという幻想を抱かないで、もっとも必要な事柄に対しては、まさに現在、人びとがあまり耳を傾けようとしないことを、はっきりと意識していなければならないのです。現代の求める時代衝動にとって決してあってはならぬような世界秩序を、今人びとは頑《かたく》なに支持しています。ですからこの点では、この上なくきびしい経験をさせられます。しかし、私たちは敢えてそうします。恨みを抱いてそうするのではなく、私たちが何かを行うときに、その経験から学べるように、そうするのです。

この点について、もっと具体的にお話ししてみますと、現在の秘密結社について、二年前にこの場所でお話ししたことがありました。それがどれほどの妥当性をもつ話だったかを特定のフリーメーソン的な感覚で認識できる人が少しでも中部ヨーロッパにいてくれたなら非常によかったのですが、しかし誰も耳をふさいでいたのです。実際、ここ数十年間の中部ヨーロッパにおけるフリーメーソンの在り方以上に不毛なものはありません。ですから、人智学の語る内容を中部ヨーロッパのフリーメーソン主義と合金化《アマルガム》することに、私たちが反対しようとしますと、繰り返して妨害を受けるのです。

そしてその代わりに、おしゃべりの大家が登場します。そして、象徴などについての愚にもつかぬおしゃべりをするのです。例えば、自称ニーチェ研究家であるホルネフェル（一八七一―?）の説は、いたるところで真剣に受けとめられてきました。その深い理由は、次のことの中にあるのです。すなわち、人びとが人智学を知ろうとしますと、一定の要求がその人びとに課せられますが、そういう努力はそれほど容易ではないのです。現在は、精神の変革を叫ぶ扇動者たちがいます。彼らが言うには、人びとはただ寝椅子に横になって、楽にしていればいいのです。そうすれば、高次の自我と神が、あるいは何かそういったものが、人間の中で活発に働くのです。人智学のような難解な諸概念に悩まされる必要などないのです。ただ自分自身の声に耳を傾けて、自由に生きれば、この高次の神秘的な自我が現れて、人びとは自分の中に神を感得するというのです。

私の知り合った政治家たちも、人智学に耳を傾けるよりも、もっと楽な仕方で自我を求めなさいと教える神の説教者たちの言うことのほうを好んでいます。最近もある友人が私に語ってくれたのですが、こういう神の説教者のひとりが彼に——そのときはまだその説教者の信者だったのですが——、こう言ったというのです。——「ああ、私がどんなに愚かであるか、あなたにはとても想像がつかないでしょう」。

それにもかかわらず、「私がどんなに愚かであるか」と告白して、叡智の根源に到るのに賢さなど必要ないことを示すこの説教者は、上にも下にも、いたるところに多くの聴衆を見出しています。実際、わざわざ難しいことをあれこれと語って、人びとに意識魂の課題を知らせようとする者たちよりも、こういう人物たちの話し方のほうが人気があるのです。意識魂の立場で語ろうとする者たちは、四度にわたる進化過程について語るだけでなく、人びとが互いに熱を与え合うべきこと、互いに色づけ合うべきこと、互いに呼吸し合い、互いに消化し合うべきことを語ります。こういう事柄を述べるには、一連の書物を読むことが必要になります。それはまったく楽なことではありません。しかし、それを難しいと感じることは、私たちの破局的な時代の諸衝動と無関係ではありません。それは私たちの時代の不幸と結びついているのです。

しかしこのことも、私たちをペシミズムへ導くのではなく、力へ、認識を行為に置き換えることへ導くのです。このことは何度でも繰り返して言わなければなりません。

昨日は無害な吸引と圧迫の例を取り上げましたが、この吸引と圧迫の問題が非常に重要な問題を含んでいることを、あらためて考えていただきたいのです。そうでないと、人びとは次のように言うだけで終わってしまうでしょう。――「そうか、ロシアでは市民と農民との連合がうまくいかなかったのか。しかしわれわれなら、市民と農民の関係をうまくやることができる。そして社会主義を上手に生かすことができる」。

しかしロシアでも、多くの人びとが同じことを語ってきたのです。そして人びとがそう語ってきたことこそが、問題だったのです。

では明日、続きの話をいたします。

第六講

一九一八年一〇月二七日

これまで、随分いろいろな観点から、第五後アトランティス期の諸衝動について語ってきました。とはいえ、今回もこれらの衝動のごく僅かな部分しか、ここでお話しできませんでしたが、私たちの時代の人類史の流れを把握するために、実に多くの衝動を理解する必要があることは、感じていただけたと思います。このあとの講義では、一五世紀以降の文明世界の内部に働きかけている諸衝動のうち、特に宗教衝動を取り上げてお話しするつもりです。一種の宗教史がこのあとの三回の講義のテーマになるでしょう。

今日は挿話的に、たぶん何人かの方には不必要に思われるでしょうが、私の身近な問題を取り上げたいのです。現代という時代の諸衝動を取り上げるに際して、このような個人的なお話をすることも、決して重要でなくはないと思うからです。私は人生のある時点で、私の『自由の哲学』で試みたような論述によって現代の諸衝動を把握する必要に迫られました。今日はこのことから話を始めようと思います。

『自由の哲学』は、たぶんご存知の通り、二五年前に出版され、今その第二版が出たところです。この本を書いたのは、一九世紀の九〇年代の始めでした。十分意識して、この時代の中で書きました。当時、この本のまえがきを読んだ人は、私が時代衝動の中から書こうと努力しているのを感じたと思います。今回の第二版ではこのまえがきを附録二として、最後につけ加えました。もちろん、四分の一世紀後にふたたび出版されるのですから、この著作にいくつか当時とは違った条件が加えられました。しかしいろいろな理由から、この本の初版に記されていることを少しでも変えたいとは思いませんでした。

当時、私はこの『自由の哲学』のモットーとして、次のように書きました。——「われわれが個的な力を発揮するとき、真実だけが頼りになる。懐疑に苦しむ人の力は麻痺している。世界が謎である限り、創造の目標を見つけ出すことはできない。……」この書は、「真理への唯一可能な道へ導くのではない。真理を目指して歩んだ道について語ろうとする」。

『自由の哲学』の構想は、その数年前にすでに頭の中では出来上がっていましたが、書き始めたのは、ワイマールの短い期間中でした。私がワイマールに到着してから『自由の哲学』を書き下ろすまでの間は、短かったのです。私は七年間ワイマールにおりました。もともと『自由の哲学』の構想を抱えて、ワイマールへ出かけたのです。そのつもりで読んで下さるなら、

『自由の哲学』の構想全体を、私の小著『真理と学問』の最終章の中にも見出すことができるはずです。『真理と学問』は、私の博士論文でもありますが、『自由の哲学』の構想を含んでいるこの最終章は、博士論文にはまだ入っていませんでした。

『自由の哲学』の理念は、基本的には多年にわたってゲーテの世界観に通じようと努めてきた過程で、生み出されたのです。ゲーテの世界観に没頭したこと――そしてゲーテの世界観の分野での私の諸論文――は、八〇年代の終わり頃から始まった「ゲーテ大全集」の編集の仕事に呼ばれて、ワイマールへ行く結果を招きました。この全集版は、ザクセンのゾフィー大公妃（一八二四―九七年）によって創立されたワイマールのゲーテ文庫によって行われました。

今日は若干、個人的な思い出を語ることになるのをお許し下さい。先程言いましたように、第五後アトランティス期の諸衝動に私が個人的に関わった事情をお話ししたいのです。当時、一九世紀九〇年代のワイマールでは、「ゲーテ主義」と呼べるような豊かで意味深い、成熟した文化のよき伝統が色とりどりに生きており、私たちはそれを思いきり体験することができました。このゲーテ的な伝統の中に、当時はフランツ・リスト（一八一一―八六年、作曲家）時代に由来するものも結びついていました。当時はそれに加えて――ワイマールはいつでも芸術アカデミーの存在のおかげで芸術都市であり続けましたから――、あらゆる種類の重要な刺激を与える、多少やかましい新芸術の傾向もよい役割を演じていました。というのは、古いものは、新しいものが入ってきて、生産的な刺激を与えるときにのみ、活気を呈することができるからです。

ですから、ゲーテ文庫を中心に、多少ミイラ化してきたゲーテ主義――ミイラ化といっても大したことはありません。それに活力を与えることは可能でした。私はゲーテ主義をいつも生なましく感じていました――、このゲーテ主義と並んで、芸術の分野では、近代生活が華やかに展開していました。この地の画家たちは、もっとも新しい種類の芸術衝動をもっていました。私が親しくしていた画家たちも皆、新しい芸術衝動から深い影響を受けているようでした。例えば、レオポルト・フォン・カルクロイト伯（一八五五―一九二八年）もその一人で、当時、といってもあまりにも短い滞在でしたが、ワイマールの芸術生活に非常に生産的な刺激を与えてくれました。ワイマール劇場にも、非常に優れた古き良き伝統がまだ残っていました。ところどころで俗物根性が顔を出しはしましたが、古き良き時代の伝統があったのです。どんなことでも可能であるような環境がそこにあったのです。

これに加えて、ゲーテ文庫――後のゲーテ＝シラー文庫――での生活がありました。それは、当時の時代精神、特にシェーラー的（ヴィルヘルム・シェーラー、一八四一―八六年、文化史家）な文献学精神がゲーテ文庫を支えていたにもかかわらず、新しい時代のより優れた衝動を活発に生かそうとする生活でもありました。世界中から学識豊かな人びとが集まってきました。ロシアから、ノルウェーから、オランダから、イタリアから、イギリスから、フランスから、アメリカからやってきた学者たちの中には、現代の悪習慣がまとわりついている例も見られましたが、特に九〇年代当時には、ワイマールの国際的な学者仲間の間で、傑出した人物たちの影響力を見出すことがいつもできたのです。

非常に優れた「ファウスト」研究を発表したアメリカの教授（カルヴィン・トーマス、ミシガン大学のドイツ文学教授）について、あらゆる種類のうわさを耳にしました。この教授は好んで床に両足を組んで坐りました。床に坐るのが好きだったのは、書棚のすぐ前で、何でもすぐに取り出せるからでした。この教授からすぐに怒鳴り声を発するハインリヒ・フォン・トライチュケ（一八三四―九六年、歴史家）に到るまで、学者たちは私に、ありとあらゆる体験をさせてくれました。私がトライチュケに出会ったのは、昼食でのことでした。彼は耳が不自由でしたので、彼のためには何でも用紙に書く必要がありました。彼は私に、どこから来たのか、とたずねました。オーストリアから来ました、と答えると、彼はすぐに、彼独特な口調でこう言いました（そういうときのトライチュケには忘れがたいものがありました）。――「オーストリアから来るのは、賢い人か、箸にも棒にもかからない人か、どっちからしいね」。そう言われれば、そのどちらかに自分を位置づけなければならなくなります。いずれにしても、世界中の人がワイマールにやってくるのですから、話題にはこと欠きません。

ある人たちは、ゲーテ時代の面影を求めて、ただそれだけの理由で訪ねてきました。別の人たちは、ゲーテ的な文化にもっと親しみたいと願って、やってきました。リヒャルト・シュトラウス（一八六四―一九四九年、作曲家）もワイマールで活動を始めました。そしてそれから、彼の非常に問題の多い作品を発表していきました。しかしあの頃の彼は、疑いもなく新しい音楽運動のもっとも好ましい方向を代表していました。若い頃のリヒャルト・シュトラウスは実に活発な精神の持ち主でした。私は今でも、リヒャルト・シュトラウスがよくやってきては、ゲーテが同時代の人びとに語った言葉の中の気に入った一節を披露してくれた頃のことを、とても懐かしく思い出します。ゲーテの対話録は、ヴォルデマール・フライヘル・フォン・ビーダーマン（一八一七―一九〇三年）によってまとめられ、出版されました（全一〇巻、一八八九―九六年）。そこには本当に叡智に充ちた、黄金のような言葉が見出せるのです。当時のワイマールの環境を、私の直接体験できた限りで、お話ししようとすると、きりがありません。

ゲーテ＝シラー文庫には、ある高貴な人物がいつも姿を見せていました。あの良き時代（ゲーテ時代）の伝統を身につけていて、貴族としての身分を考えなくても人間として好意を抱かずにはいられないのです。当時のワイマール大公カール・アレクサンダー（一八一八―一九〇一年）は本当にあの伝統の生きた体現者でした。一八一八年に生まれましたから、一四歳までの少年時代をワイマールで、ゲーテと共に過ごした方です。彼には、めったにない内面的な魅力がありました。さらに、ザクセンのゾフィー大公妃がゲーテの遺稿を大切に保存するためにとった態度を見て、私は彼女に限りない尊敬の念を抱きました。ゲーテの遺稿のためにあらゆる配慮をしてくれました。後にゲーテ協会の会長にかつての大蔵大臣が選ばれたのは、当時のワイマールの意図に沿うものではなかったのです。ですから、「ゲーテ主義」を身近に感じていた多くの人びとは――もちろん、たわむれにではありますが、――かつての大蔵大臣で、現在のゲーテ協会の会長の名前がゲオルク・クロイツヴェンデディヒ〔十字架がお前を変えますように〕（一八五五―一九二二年）というのが何かの徴候なのではないか、という意見にまったく賛同しただろうと思います。

さて、私はこの環境の中に深く結びついて、『自由の哲学』を書きました。私はこの著書の中で、現代の必要な衝動を描いたと思いました。私は個人的な思い上がりからそう言うのではなく、『自由の哲学』によって自分が何を願っていたのか、今でも何を願っているのかを申し上げたくて、そう言うのです。私が『自由の哲学』を書いたのは、第五後アトランティス期の本来の衝動である、自由の衝動を純粋に人びとの前に提示するためだったのです（この衝動は、他の断片化された諸衝動から育ってくるのでなければなりません）。そのためには、二つのことが必要でした。第一に、自由の衝動を学問的に基礎づけるのです。ですから、私の『自由の哲学』の第一章は、「自由の科学」と題されています。もちろん、こういうタイトル（自由の科学）は多くの人にとって、不愉快な、受け容れ難いものでした。なぜなら、私の求めていたのは、自由の衝動を厳密に科学的な考察と結びつけることだったからです。もちろん科学的な考察は、思想の自由の上に立っているのであって、こんにちの自然科学的一元論に錨《いかり》を下ろそうとしてはいません。この「自由の科学」という章は、多分に闘争的な性質をもっています。その性質は、当時の時代の精神的な気分から説明することができます。

私は一九世紀の哲学、世界観と対決しなければなりませんでした。自由の概念を宇宙の概念として提示し、人間の内面には地上的なものだけでなく、大宇宙のいとなみが浸透していると感じている人だけが自由を理解し、自由を正しく受けとめることができる、と主張しました。大宇宙のいとなみが人間の内面で、みずからを顕現するときにのみ、自由の哲学に達することができます。人間の内奥の存在が同時に宇宙的な存在である、と理解することによって、このことが可能になります。

近代科学の教育を受け、思考を外なる感性界に従わせようとする人は、自由の哲学に到ることができません。私たちの時代の悲劇は、人びとが自分の思考を外なる感性界に従わせるように、と大学で教育されていることです。ですから、倫理的、社会的、政治的な問題のすべてにおいて、私たちの時代は、多かれ少なかれ自信を喪失しています。外なる感性界に従わされている思考は、決して内的に解放されてはいません。行動のためにいくら思考を働かせようとしても、決して思考が直観に高まることはありません。自由の衝動が、外からの要求に従う思考によって、排除されているのです。

第一部でのこの主題は、もちろん『自由の哲学』を読んだ多くの人には不愉快なことでした。思考がみずからを鍛え、それによって自由の科学を獲得するように、と求められているのですから。

第二部は「自由の現実」を扱っています。ここでの主題は、どのようにして外的生活の中で自由を実現しなければならないか、どうすれば人間の行動と社会生活とのために、自由が生かされるか、を示すことでした。どうすれは行動する私たちが、自分を本当に自由な精神であると感じるようになれるかについて、そのとき私の書いた事柄は、まさに二五年後の現在、社会の悲劇的な状況に直面した多くの魂たちの関心を、かつて以上に呼び起こせるのではないでしょうか。

私がまず述べたのは、「倫理的個体主義」についてでした。人びとの行為が、それぞれの個性の直観に根ざした理念に発するものでなければ、誰も自由にはなれません。ですから、倫理的個体主義は、人間の究極の道徳進化の目標として、いわゆる「自由な精神」になることだけしか認めませんでした。自由の精神は、自然法則の強制からも、因襲的な一切の道徳法則からも抜け出ようと戦います。昨日述べたように、悪が身近に現れてくる時代の人間は、直観力を鍛えて、悪への傾向を善に変容できるのです。こうして意識魂の信頼に基づく人間の尊厳を確立するのです。

ですから、私は次のように書きました。――「ここで獲得された法則と人間の行動との関係は、自然法則と個々の自然現象との関係に似ている。しかしこの法則は、われわれの心の根底にある行動への衝動と決して同じではない。何によって人間は、道徳的意志に発する行為に向かうのかを理解しようとするなら、まずこの意志と行為との関係に眼を向けなければならない」。

人間の自由な共同生活という理念は、この数日間、別の観点から皆さんにお話ししたように、一人ひとりが自分のために自由を主張するだけではなく、社会生活を送る人びとの相互関係の中で、自由が社会生活の衝動となって実現される、という理念です。その意味で、私は次のように率直に述べました。――「行動への愛に生きること、そして他人の意志を理解し、尊重すること、これが自由な人間の根本的な実践原則である。自由な人間が義務を求めるとすれば、その人の意志が直観的にこの義務と一致するときにのみである。自由な人間がどのような場合に意志するのかは、その人の理念能力が決めることであろう」。

当時の私はこの倫理的個体主義の立場に立っていましたから、もちろんカント主義には賛同できませんでした。ですから、私の小著『真理と科学』の序文は、次の言葉で始まっています。

――「われわれはカントを超えなければならない」。

当時、私はゲーテ主義を――といっても、一九世紀末のゲーテ主義のことですが――、いわゆるインテリたち、つまりもっとも知的だと思っている人たちを通して時代に近づけようとしました。しかし、それがあまりうまくいかなかったことは、最近、雑誌『王国』に書いた私のエッセイ「ルツィフェル的とアーリマン的、および人間に対するそれらの関係」からも読みとっていただけると思います。特にエドゥアルト・フォン・ハルトマン（一八四二―一九〇六年、哲学者）と私との関係がそこに述べられています。

しかし、次第に俗物根性に陥っていった同時代人たちは、新版の『自由の哲学』一七六頁に出ている文章に、反感を感ぜずにはいられませんでした。――「カントは義務について、『義務よ、崇高にして偉大なる名よ、お前は媚諂《こびへつら》うものは何も寄せつけず、従うことだけを求める。お前が掟《おきて》を示せば、どんな欲望もその掟の前で、ひそかに邪魔しようとする試みをあきらめざるをえない』と語っている。それに対して、自由な精神を意識する人は答える。――『自由よ、親しみ深く、人間味のある名よ、お前は私の人間性にふさわしいものなら、どんな好ましい風俗習慣をも引き寄せ、そして私を誰にも奉仕させない。お前は掟を示すだけでなく、私の道徳的な愛が掟と認めるのを待っている。なぜなら、この愛は、どんな掟の押しつけに対しても自由を否定された、と感じるから』」。

ですから、自由を科学の固い地盤の上に打ち立てることが、『自由の哲学』の土台づくりでした。

自由は、私たちの時代に真実のひびきを持つことのできる唯一の言葉です。現在、人が当時の意味での自由を理解できたなら、地球について、世界秩序について今語られているすべての中に、まったく違ったひびきを流し込ませることができたでしょう。こんにちの人は、いろいろと新しい問題に取り組んでいます。正義による平和とか、権力による平和とかについて語ります。こういう言葉はすべてスローガンにすぎず、本来の正義や権力とは何の関係もありません。正義という概念は現在、まったく混乱しています。自由だけが人びとに受け容れられたなら、現実を理解しようとする根本的な衝動へ導くことのできる概念なのです。正義による平和とか権力による平和とかのスローガンを口にする代わりに、自由による平和について語るなら、その言葉は全世界に働きかけるでしょう。この言葉だけが、意識魂のこの時代に、いくらかの確かさを人びとの魂の中にもたらすことができるのです。

もちろんこの第二部も、論争的な内容にならざるをえませんでした。俗物的な社会人、安易な型通りの思考の持ち主、あらゆる種類の権威主義者が自由な精神の立場に反対していたので、そのような反対論と対決せざるをえなかったのです。

『自由の哲学』から吹いてくる風を感じとってくれた人たちがいましたが、『自由の哲学』の立場に賛同してくれた人は本当にわずかでした。そんな人は、めったにいませんでした。当時、「フランクフルト新聞」にある人がこの本の書評を書き、「明瞭にして真実」、これがこの本の第一頁に記すべきモットーにふさわしい言葉だ、と評してくれました。しかし、そういうことは群れから離れた鳥たちしか書きませんでした。当時の人びとは、明瞭な言葉も、真実の言葉も、あまり理解しようとはしなかったのです。

さてこの本は、当時のニーチェ熱が全文明世界に広まった時期に出版されました。そしてこのことは、この本の内容に影響を及ぼしたわけではありませんが、若干の人びとがこの本を理解してくれるだろうという期待を呼び起こしました。それは最初のニーチェ熱でした。ニーチェ熱のあの第一期に、ニーチェという、しばしば病的に働きかける精神を通して、重要な時代衝動が湧き起こったのです。ニーチェの影響によって、自由の理念が時代に働きかけることが期待できたのです。それはニーチェの妹（エリーザベト、一八四六―一九三五年）をはじめ、ハリー・グラーフ・ケスラー伯（一八六八―一九三七年）のような人びとが、ベルリンのクルト・ブライジヒ（一八六六―一九四〇年、歴史学者）やおしゃべりなホルネフェルたちと組んで、ニーチェの姿を歪めるのに成功する以前のことでした。上に述べた人びとによってニーチェが近代のデカダンス、文学的スノビズム（どういう言い方が適切か分かりませんが）、そういう風潮の中に取り込まれてしまう以前のことだったのです。

それ以前には、『自由の哲学』の読者たちがいたのです。たぶん、読者の多くは、半信半疑だったと思いますが、この本が出版されますと、出版されたのは短い期間内のことでしたが、アメリカ人ベンジャミン・タッカー（アメリカのアナキスト。個体主義的アナキズムの観点から雑誌『自由』（アナキズムの機関誌）を一八八一年から編集・出版した）とスコットランド系ドイツ人（またはドイツ系スコットランド人）ジョン・ヘンリー・マッケイ（一八六四―一九三三年）という二人の名前に代表されるグループの内部で、『自由の哲学』があるところまで賛同を得たのです。

しかし、ますます顕著になっていく時代の俗物根性からすれば、もちろんこのことは、ほめられた話ではありませんでした。なぜなら、このグループの人たちは、自由な精神性の上に打ち立てられるべき社会秩序のもっとも過激な推進者［アナキスト］に属していたからです。したがって、ある時期の『自由の哲学』がそうであったように、この人たちからの推薦を受けたとき、それによってどういう資格が与えられたかと言いますと、『自由の哲学』だけでなく、その後出版された私の他の著書も、例えばロシアの検閲を通ることは、決してなくなったのです。その数年後に私が編集発行人となった『文芸雑誌』は、この理由で、ロシアに送られたときには、たいていの頁が官憲の手で黒く塗りつぶされたのです。

ベンジャミン・タッカーとジョン・ヘンリー・マッケイの名と結びついた当の運動は、次第に時代の俗物主義の隆盛の中で尻すぼみになっていきました。時代は『自由の哲学』の理解にも、あまり有利な展開を示しませんでした。私は『自由の哲学』をしばらくそのままにしておきました。しかし今、この『自由の哲学』をふたたび必要とする時が来たように思えます。今は、この『自由の哲学』の提示する問題を自分のことのように思える魂がさまざまな側に見出せるでしょう。

たしかに『自由の哲学』を新たに出版することは、もっと以前にも可能でした。これまでの年月の間に、すでに数版を重ねることもできたと思います。しかし、皆さん、それでしたら、『自由の哲学』が買われた、という事実だけで終わっていたでしょう。私にとっては、私のもっとも重要な書物たちの場合、どれだけの部数が世に出廻っているかが大事なのではなく、理解され、本来の内的衝動を受けとってもらえることが大事なのです。

次いで一八九七年に、私はワイマールからベルリンに移りました。ワイマールでの私は、時代の発展を外から辿っていましたが、ベルリンに来てからの私は、オットー・ノイマン＝ホーファー（一八五七―一九四一年、作家）が『文芸雑誌』の所有権を手放したとき、私は、時代の要求に応えていると思える諸理念を世に問うための舞台とするために、この雑誌を手に入れました。

私がこの雑誌に登場してすぐに、ジョン・ヘンリー・マッケイと私の往復書簡が出版されました。そうすると、この「雑誌」の大半の定期購読者は、当時の教養ある俗物たちは、もちろん喜んで踊り出したりはせず、私はあらゆる側から非難にさらされました。――「いったいシュタイナーという男は、この伝統ある雑誌をどうしようとするのか」、というのです。当時、文献学や文芸に興味をもっていたベルリン大学の教授たちも「雑誌」の定期購読者でした。一八三二年、つまりゲーテの死の年に、この雑誌は創刊されました。ですから、教授たちもこの雑誌を購読するに値する、と思っていたのです。今、この教授陣は次第に「雑誌」を取らなくなりました。そして私自身も、「雑誌」の編集者として、人びとの心を逆撫《さかな》でする才能を十分にもっていました。時代をではなく、人びとの心を逆撫でする才能を、です。

　小さなエピソードを思い出したのですが、ゲーテ主義の分野での私の仕事にもっとも真剣に関わってくれた人たちの中に、ベルリン大学のある教授がいました。私はただ事実だけをお話しするのですが、私のことを知っている人なら、こんな話をしても、思い上がった奴だなどと思わないで下さると思います。その教授はワイマールのホテル、「ロシア館《ホーフ》」で、あるとき私にこう言ったのです。「あなたがゲーテについて書いておられるものに較べると、われわれがゲーテに結びつけて述べているいい加減な論文は、すべて色あせてしまいます」。

　私はただありのままに、こんなことを申し上げるのですが、現在のような状況の下で、こういう事柄を黙っていなければいけないとも思えません。実際、ゲーテのあの言葉の後半は真実なのです。前半はゲーテらしくありませんが。「うぬぼれた自慢話は臭い」のです。しかし、相手の不当な非難は良い香りがするのでしょうか。それについては、あまり語られていません。

さて、私にそう語った同じ文芸学教授も、「雑誌」の定期購読者でした。当時、ドレフュス事件がどんなに世界史的ともいえる物議をかもしていたか、ご存知だと思います。私は「雑誌」の中で、ドレフュス事件そのものについて、私だけがなしえたような記事を書いただけでなく、全力を尽くして、有名なエミール・ゾラ（一八四〇―一九〇二年）の演説「私は弾劾する」の味方をしました。

以前は私宛の多くの手紙の中で追従を書き連ねた文学部の教授が（これらの手紙の内容は印刷されていますから、今でもお見せできます）、はがきを私に送り、「今後、『文芸雑誌』の購読は一切やめることにいたします。祖国の裏切り者であり、ユダヤ人の傭兵であるエミール・ゾラの味方をするような雑誌を、わが書斎に置くわけにはいきませんから」、と書いてよこしたのです。

これはひとつの挿話にすぎませんが、同じような例は、いくらでも挙げることができます。とはいえ、『文芸雑誌』の編集の仕事は、いろいろ面白い人間関係をもたらしてくれました。この仕事は、その当時の新しい芸術傾向、文学傾向のすべてと結びついていましたが、これらの傾向も、実際、『自由の哲学』成立の背景をなしていたのです。

ベルリンへ移った当時の私は、『文芸雑誌』のような舞台を通して、未来の思想がどのようにすれば、若い世代の心に浸透できるのかを、けっこう向こう見ずな態度で知ろうとしました。少なくとも、『文芸雑誌』という物質的手段が可能にしてくれた限りにおいて、そして――もちろん私は後でそれを根こそぎむしり取ってしまったのですが――以前の名声が許してくれた限りにおいてではありますが。

しかし、私が向こう見ずな態度で経験することができたのは、この未来の思想を受けとめた人たちは、過激な大酒飲みのヴィルヘルム・ベルシェ（一八六一―一九三九年、自然科学系の作家）のようなヒーローたちを中心とする人たちでした。私にとってすべては、大変に興味深いものでした。その人たちとの交流は、時代的、反時代的な問題について、当時の社会のあらゆる側面について、いろいろなことを明らかにしてくれたのです。

オットー・エーリヒ・ハルトレーベン（一八六四―一九〇五年、作家）と親交を結ぶようになった結果、当時のほとんどすべての新進気鋭の文士たちとも知り合うようになりました。その大半の人は、現在は目立った活動をしておりません。私がこの人たちのよい仲間だったかどうかは、今の私には何とも言えません。つい先頃、当時の文壇仲間のひとりが、「フォシュツェ新聞《ツァイトゥング》」紙上に一文を寄せ、その中で、さもモノの分かったような口調で、私が仲間に溶け込めず、「勝手気ままな神学者」気取りで、もちろん勝手気ままな神学者とは縁遠い、若い文士たちの中にいたかのように書いていました。

　私がオットー・エーリヒ・ハルトレーベンの忠実な友であった頃のことは、皆さんにも興味があるかもしれません。まだ、私のワイマール時代のことでしたが、彼はいつもゲーテの集まりがあると、ワイマールに来ました。そして、決まって寝過ごしてしまい、会合には間に合いませんでした。というのは、彼は午後二時頃に起床するのが習慣だったのに、ゲーテ集会は午前十時に始まるのが常だったからです。会が終わると、私は彼の家に様子を見に行きました。決まって彼はまだベッドの中にいました。そして暗くなってから、よく一緒に過ごしました。

……彼との特別の友情は、私の周りで惹き起こされたニーチェ事件が世間を騒がせ、オットー・エーリヒ・ハルトレーベンが私から離れたときまで続きました。

　私たちは一緒に座っていました。そして、私はよく憶えていますが、そのとき、私が話に夢中になり、「ショーペンハウエルは実際、偏狭な天才だったからね」と、一言つけ加えたとき、彼はそれを友情のしるしとして受けとったのです。この言葉がオットー・エーリヒ・ハルトレーベンの心をとらえたのです。同じ晩、私たちはいろいろな話をしました。後に名を知られるようになったマックス・マルターシュタイク（一八五三—一九二六年、俳優）が私の話に刺激されて、「そんなに興奮させたら困るよ」と私に向かって言ったのも、いたく気に入ったようでした。

そんなこんなで、前途洋々たるオットー・エーリヒ・ハルトレーベンやマックス・マルターシュタイクその他のサークルで過ごした数々の夕べの中で、はじめてジンプリチシムスの笑い話も生まれました。『ジンプリチシムス』（ドイツの政治風刺雑誌）誌上で発表されたすべての笑い話の出発点は、そのとき生まれたのです。

私はこのことを言わずにはいられません。こういうことも、『自由の哲学』の背景にはあったのです。実際、『自由の哲学』の持つ雰囲気は、当時私が付き合っていた仲間たちを取り巻く雰囲気だったのです。そして今でもよく憶えていますが、マックス・ハルベ（一八六五―一九四四年、作家）も、『自由の哲学』から大きな刺激を受けとったそうです。彼自身がそう語ったのです。このグループの人たちは、『自由の哲学』を愛読してくれました。そのようにして『自由の哲学』の立場は、当時の社会のいくつもの方向に有効に働きかけたのです。

この原ジンプリチシムス的な笑い話から、『ジンプリチシムス』誌上の笑い話が派生したのですが、この原ジンプリチシムス的な笑い話は、決して嘲笑的な態度から生じたのではなく、『自由の哲学』の立場とも結びついた気分から生じたのです。それは、集中した精神生活をいとなもうとするなら、失ってはならないような非感傷的な態度、言い換えればユーモアと結びついた気分です。この原笑い話をご紹介しましょう。

お殿様が自分の国の監獄を訪ねました。四人に会ってみようと思ったのです。そして実際、ひとりの囚人がやってきました。そこで殿様はこの囚人に矢継ぎ早に質問をしました。

「ここに来てからどれくらいになるの」

「もうかれこれ二〇年になります」

「二〇年だって。それはひどい。どうしてそんなことになったんだね」

「私は母親を殺してしまったのです」

「なんだって、母上を殺害なさった。それはひどい。それはひどい。それでこのさき、あとどれくらいここにおられる予定かな」

「私は終身刑の宣告を受けました」

「それはひどい。とんでもない長さですな。まあ、あなたの貴重な時間をこんな質問で無駄にするつもりはないのだが。……所長殿、せめてこの男の刑期の最後の一〇年間ぐらいは、なんとかなりませんかな」

これが笑い話の原点だったのです。それは決して侮蔑的な気分から生まれたのではなく、ユーモア的な気分から生まれたのです。必要とあれば、いつでも倫理的な衝動をそこから引き出せるような気分からです。もしも、たぶん不当にも、この笑い話の主人公にされた人物がこれを読んだら、思わず笑い出してしまっただろうと思います。

愛する皆さん、今お話ししたサークルの中で、人びとが新しい時代を生み出そうとしているのを、私はベルリンで経験することができたのです。しかし、そのすべてにおいて、ベルシェがある種の役割を演じていました。といっても、フリードリヒスハーゲンに腰を落ち着かせた頃の太ったベルシェのことだけを言っているのではなく、私たちの時代の世俗社会の中で非常に広範囲の役割を演じているベルシェ主義のすべてについて言っているのです。

ベルシェのまったく生気に満ちた文体は、現代の私たちにとって特にふさわしかったのです。ベルシェのエッセイを読んだ人は、いつでも何か排泄物のようなものを受けとらなければなりません。それが彼の文体なのです。読んでいると、もちろんあれこれのものを受けとります。彼が受けとってもらおうと願っているものは、いつでも排泄物であるとは限りません。読者が受けとるべきものは、何か別のものでもありえます。ベルシェ風は、私たちの時代の俗物根性にとっては、実においしいステーキなのです。

マックス・ハルベの戯曲『征服者』がちょうど上演されたときのことです。この作品はハルベの思いがもっともよく出ている作品でしたので、それだけにベルリンではまったく不評に終わってしまいました。これが『文芸雑誌』をベルリンの文学界に受け容れさせるのによい方法だったとは、とても言えませんでしたが、私はマックス・ハルベを困惑に陥れたある一文を「雑誌」に載せました。それはベルリンの演劇評論家の一人ひとりをやり玉にあげ、彼らの理解力について必要と思われる事柄を列挙した批評文でしたが、もちろんこのことは、この「雑誌」の評判を高めるのに、あまりよい結果を生じさせませんでした。

こんな風に、この雑誌は私にとって良い研究時代となったのです。この雑誌のおかげで、私はワイマールにおけるのとは違った観点で、多くの社会問題を見ることができました。どうすれば『自由の哲学』のような思想を世に受け容れさせることができるのか。――このことがいつも私の念頭から離れませんでした。『文芸雑誌』に書いた私の文章のどれをとってみても、その中に『自由の哲学』の精神の風が吹いていたと思います。けれども、『文芸雑誌』は当時の俗人精神には受け容れてもらえませんでした。しかし、当然のことながら、私自身は次第に当時の俗人精神の外へ追い出されてしまったのですが、そしてそうなったのは、こういうさまざまな影響のおかげでした。

世紀の転換期に、世界中を突き動かしていた大きな問題に私を関与させてくれた別の舞台が、私に提供されました。その問題とは私はすでにジョン・ヘンリー・マッケイとアメリカからベルリンにやってきたタッカー――彼とは非常に有意義な夕べを何度も共にすることができました――を通じて、すでに身近かな関係にありました。社会主義的な労働階級という別の舞台です。私は数年間、はじめはベルリン労働者教養学校でさまざまな分野の授業を引き受け、そこから始まって、社会主義労働者社会のあらゆる集まりに呼ばれて講演をしました。講演だけではなく、他の人たちの演説の仕方の指導まで引き受けるようになりました。この人たちは、これまでの数日間にお話ししてきたような事柄を学ぶことだけでなく、彼らが正しいと確信していた事柄を本当に代表できるような話し方をすることができなければならなかったのです。もちろん、あらゆる種類の問題について非常につっこんだ議論が戦わされました。このことも、新しい時代の発展を知るのに大切な視点を新たに提供してくれました。

さて、このサークルの内部では、興味あることに、ひとつのことだけが生かせずにいました。それは、こんにちの時代には、そしてその時代を理解するためには、無限に重要なことだったのです。愛する皆さん、私はこのサークルの内部では、どんなことも取り上げて話すことが許されました。プロレタリア階級の観点から離れても、事実を語る限りは、どんなことでも話すことができたのです。けれども、自由についてだけは例外でした。自由について語ることは、非常に危険なことだと思われていました。私にはただひとりだけ、同調者がいました。この人物は、私が自由についての長広舌《ちょうこうぜつ》を振るうたびに——他の連中は私の話をそう呼んでいたのです——、いつでも立ち上がり、私の味方をしてくれました。彼がその後どういう経歴を辿ったのか、私は存じませんが、ジークフリート・ナハト（アルフレート・ロラー〔一八六四—一九三五年〕のペンネーム）という名でした。彼は、私が社会主義のまったく不自由な綱領に反対して自由な立場を主張したとき、いつも私の側に立ってくれました。

こんにちの時代に特徴的な、この運動には、まさに『自由の哲学』の願っていることだけが欠けていたのです。『自由の哲学』は、自由な精神作業を通して、自然科学と完全に一致しながらも、しかも自然科学を超える、ひとつの「自由の学」の基礎づけを行います。『自由の哲学』のこの部門は、こんにちの社会秩序の中で、真に自由なる精神を育成できるようにしようとしています。なぜなら、もしも自由が、自由の学という堅固な基礎を築くことなしに、ただ自由の現実だけに限られてしまったなら、昨日お話ししたような、悪の巣食うこの時代の中での自由は、自由な精神を生じさせずに、放埓《ほうらつ》な精神を生じさせる結果に終わるでしょう。感覚に従うだけではなく、厳格な内的規律に従う思考を生かした学の立場に立つことができたときにのみ、自由を実現すべき現代という時代のための必要条件が充たせるのです。

　ところが、時代を根本的に取り違えている国家主義者のあらゆる傾向に対立しているはずの社会主義者には、ひとつだけ欠けているものがありました。それは自由の学に到る可能性です。実際、社会主義は、旧貴族、旧市民、旧軍隊のどうしようもない思い込みからは自由でした。このことは現代における非常に重要な事実です。しかしその分、社会主義者は、不可謬《ふかびゅう》の唯物科学、つまり実証主義への盲信に陥っていました。実証主義は、すでにお話ししたように、八六九年のコンスタンティノープルにおける第八回公会議の申し子なのです。実証主義は、まるで不可謬のローマ教皇を抽象的に表現したものであるかのように、ボルシェヴィズムを含む左翼過激派をしっかりと鋼鉄の触手に抱きとめ、自由の王国へ到ろうとするのを妨げているのです。

ですから、社会主義は、たとえどれほど勢力を伸ばそうとも、世界を決して制覇できないのです。長きにわたって、世界を震撼させることしかできないのです。人類の進化に基礎を置いてはいないのですから。ですから、悪いのは、社会主義そのものなのではなく、先日述べましたように、社会主義を圧力の問題にしないで、吸引力の問題にしてしまった、またはそうしようとし続けている勢力なのです。

実証主義的、唯物的な科学の勢力圏内に取り込まれずにはいられない、という事態こそが、近代労働運動の悲劇的な特徴です。人類の進化を問題にするときには、そう言わざるをえません。ブルジョワジーの古くさい考え方にしろ、しばしば新しいと思われている、ウィルソン主義のような社会思想にしろ、人類の進化という観点には無縁なのです。

さて、これまで何度も言いましたように、労働階級に霊的な考え方を伝えることは、大変に重要な仕事なのですが、労働階級の指導者は、マルクス主義の立場を離れようとはしません。ですから私は、次第にそこに留《とど》まることが許されなくなってしまいました。私は霊的な観点を導入しようと試み、ある程度までは成功したのですが、次第にそこに留まれなくなっていきました。

私はある集会で発言しました。参加者は皆、私の生徒でした。数百人はいたと思います。その中の四人だけが、私に対抗するために党から派遣された人物でした。この連中は、私がそこに留まることができないように仕向けることに成功しました。私は今でもそのときのことが耳に響いています。私は次のように発言しました。――「社会主義を未来に向けて発展させようとするのなら、教えることの自由、考えることの自由を尊重しなければならない。……」そうすると、党から派遣された四人のうちのひとりが叫んだのです。――「われわれの党の中でも、党の学校でも、自由など、どうでもいい。大事なのは、理性的な強制だ」。こういうやりとりは、私たちの時代を見事に徴候として示しています。

　愛する皆さん、時代を理解するには、その時代の重要な徴候を見なければなりません。近代プロレタリアートが霊的な養分を求めていないなどと思ってはなりません。非常に烈しく求めているのです。……けれども、提供される養分は、結局は近代プロレタリアートが絶対の信頼を置くことになるもの、すなわち実証科学、唯物科学であるか、それとも人びとにパンの代わりに石を与える、消化不能の何かなのです。

　ですから、『自由の哲学』は、まさにその基本衝動たる自由の衝動は、このもっとも近代的な運動の中では、どこにも受け容れられる余地はなかったのです。

　この運動における人間関係が駄目になる前に、別の出会いが生じました。私はベルリンの「神智学協会」から講演の依頼を受けました。そしてそれがきっかけとなって、冬のあいだ集中講義を続けることになりました。私はこのことを、『近世の精神生活黎明期における神秘主義』の序言の中で述べたことがありますが、このことが縁で、神智学運動に関わるようになりました。このときの事情は、すでにいろいろな関連で、皆さんにお話ししてきました。誤解が生じますので、何度でも繰り返して申し上げなければなりませんが、私は自分のほうから「神智学協会」との結びつきを求めたわけではありません。不躾けな言い方になってしまいますが、「神智学協会」が私に結びつこうとしたのです。私の著書『近世の精神生活黎明期における神秘主義』が出版されますと、その多くの章がイギリスの「神智学協会」の名で英訳されただけでなく、当時「神智学協会」の中で高い位置を占めていたバートラン・キートレイ（一八六〇―一九四九年）とジョージ・ミード（一八六三―一九三三年）が、私にこう言いました。「そこには私たちがよく咀嚼しなければならぬものがすべて、正しい仕方で取り上げられている」。

当時の私は、「神智学協会」の書物を一冊も読んでいませんでした。そして、後でそれを読むようになったときにも――私はいつもあまり気が進まなかったので――、多かれ少なかれ、仕事としてそれを読んだのです。

しかし、この場合も大切だったのは、時代のいとなみ、時代の働きの特徴的な衝動を取り出すことでした。私はこの協会に加わるように要請されましたので、自分のカルマに従って、当然のように加入することができました。協会という舞台で私の語るべき事柄を公にする機会を見出すことができたからです。もちろん、多くの苦労を引き受けなければなりませんでしたけれども。

この場合についても私は、いくつかの事柄を徴候として述べようと思います。例えば、ロンドンにおける神智学協会の会議に初めて参加したとき、その中に一定の観点を導入しようと試みたことがありました。そのために、ごく短く話したのですが、それはちょうど英仏協商が締結された頃（一九〇四年）のことで、すべてが締結されたばかりの英仏協商の印象に影響されていました。私が言おうとしたのは、神智学協会の志す運動において、なんらかのセンターから神智学思想を普及させようとすることよりも、世界のあらゆるところから新時代の所産を、いわば神智学協会という共通の場に提供し合うことで、一種の連帯化の働きを促すことのほうが大切なのではないか、ということでした。そしてそのときの発言を次のような言葉で締めくくりました。――「もしもわれわれが霊性をもとに、具体的に、積極的に、霊的共同体を求め、各地で働いている精神を、神智学協会という共通のセンターに持ち込むならば、そのときの私たちは、もうひとつの〝協商〟を締結することになる」。

このもうひとつの「英仏協商」について、そのときロンドンで話したのです。それが神智学協会で行った私の最初の発言でした。私はこの話を非常に意識的にしたのです。ベサント夫人（アニー・ベサント［一八四七―一九三三年］。オルコットの死後、一九〇七年、神智学協会の代表となる）は――彼女は発言のすべてについて「権威的なコメント」を加えるのが常でしたが――「このジャーマン・スピーカーはエレガントな話し方をした」、と言いました。しかし、私の話に同調する人はあまりおらず、私の話は他の人びとの発言の洪水の中に呑み込まれてしまいました。人びとの注目は、むしろ仏教者のギーゲルル・ジナラジャダサ（一八七五年生まれ。一九五三年、神智学協会の代表に就任）に集まっていました。私は、次のことも徴候として受けとりました。すなわち、私は、このもうひとつの「協商」を世界史的な重要事項として語ったあと、ふたたび席につきました。それから、仏教者のギーゲルル・ジナラジャダサが、少し高い場所からゆらゆらと立ち上がり――見た通りを言いますと――、自分の散歩杖を床について、少しあわてたように演壇に立ちました。彼は多くの「同調者」にめぐまれましたが、一方私の場合は、「長広舌」で片づけられてしまいました。

　私ははじめから主張していたのですが――それについては、私の『神智学』の前書きを読んで下さい――、神智学の分野で生じるべき事柄は、『自由の哲学』が開拓した方向に向かって歩むべきなのです。たぶん私は、『自由の哲学』の諸衝動からその後の私の発言へ通じる真っ直ぐな道を見出せなくしたかもしれません。後に私が語ったり、書いたりした事柄は、そのまま共に受けとるのが、もちろん非常に難しいからです。大変な苦労をしなければ受けとれません。私の場合、協会に自分が進んで加入したのではなく、参加させられたので、その協会の中では、自分の提案によってではなく、決まり文句や紋切り型の発言に従って評価されてしまいました。そしてその状態は、少なくとも一定のサークル内で、もはやそういう評価のされ方をされなくなるまで、かなり長く続きました。

私の語ったこと、出版したことは、基本的にはそれほど重要ではありません。たしかに人びとに読んでもらえます。しかし、誰かが何かを読んだということは、その人がその内容を受容したことと同じではありません。人びとが読んでくれたので、何版か版を重ねることができましたが、しかし、人びとが私の本を読み、それを評価するときの判断の基準は、私の口から出たものでも、私の書いた本の中にあるものでもなく、読んだ人が勝手に作り出したものです。そのようにして、ひとりは私の立場を神秘的であると言い、別の人は神智学的であると言い、さらに別の人は別の言い方をしました。人びとが勝手に作り上げた判断の霧の中に、さらに世評が加わりました。そのようにして私についての評価が下されている今、『自由の哲学』を再出版するのは、決して特別に歓迎されることではないでしょう。この『自由の哲学』は、もちろん一面的であり、不完全でもありますが、しかし不器用な仕方ではあっても、第五後アトランティス期のひとつの小さな衝動を表現しようと望んだのです。第五後アトランティス期の基本的な、重要な、その本来の使命に従って書き記そうとしたのです。

その意味で私は、二五年後の『自由の哲学』再版に際して、強調しておきたいのです。この本が集中した時代体験の所産であり、時代の本質に眼を向け、時代の鼓動に耳を傾けようと試みた結果なのだ、ということをです。そして今、現在の破局が人類を襲った後で、初版から二五年経った今、あらためてこの本が言葉の真の意味で時代に応じている、と感じています。そう言うと、私のことを傲慢だと思う人がいるでしょうが、同時代人が本書の中に述べられているすべてを受け容れようとせず、多くの場合そんなことに興味を持とうとしない状況の中で、それでも時代に応じている、と言いたいのです。

本書の意図していることは、倫理的個体主義の基礎づけであると同時に、社会的、政治的な生活の基礎づけです。このことを理解して下さるなら、本書の意図を読みとって下さったことになります。そうすれば、現在の人類の進化を実り豊かな方向へ導く手段、方法が存在しうることに気がつくでしょう。過激派のことをただ悪く言い、ボルシェヴィズムについての笑い話をするだけでは、どうにもなりません。市民たちがボルシェヴィキのやっていることだけを話題にして、あれこれの人にどういう態度をとったかという観点から一歩も先へ進もうとしないのは、悲しむべきことです。なぜなら、それでは現実に対する何の働きかけにもならないからです。

大切なのは、どの側からの要求にも正当なところがあることを学ぶことです。「君たちが不完全な手段で実現しようと望んでいることを本当に実現しようとするのなら、ここに記されている道を歩まねばならない」と言えるような世界観、人生観を見出すことができるようにするのです。もちろん、それだけではありませんが、もしもそう語ることが許されるなら――そして『自由の哲学』を本当に自分の心に浸透させたなら、そう言えるようになると私は確信しています――、そのときには、光が見出せるに違いありません。しかしそのためには、自由の世界観を本当に自分の中に生かさなければなりません。そのためには、倫理的個体主義を根底から把握できなければなりません。つまり倫理的個体主義は、人間が世界事象の霊的直観を眼の前にしている、という洞察の上に打ち立てるべき主義なのです。人間がそのとき認識するのは、ヘーゲル風の思想ではなく、自由な思考なのです。そのことを以前、私は小著『ゲーテ的世界観の認識論』の中で、非学術的な仕方で表現しようとしたことがあります。実際、人間の内面の中で宇宙の諸衝動が鼓動していることを、私たちはこの自由な思考を通して知るのです。

自由の衝動は、ここからしか理解できません。現在、袋小路に陥っている諸衝動を甦らせることができるのは、ただこのことを通してのみなのです。権利とか暴力とかという概念は、言葉の莢《さや》にすぎなくなってしまいました。そのような概念をめぐって議論しても、結局は言葉の遊びに終始してしまうということを洞察し、言葉の内容空虚な殻《から》だけが取り上げられている現実を洞察し、霊的な体験によって認識された自由の理念だけが真の現実を明らかにすることを洞察しなければならないのです。そのような日は、やがて来るでしょう。そのことだけが人類のために新しい黎明をもたらすのです。

そのときのために今、人びとの心に深く根づいている安易な感覚を克服しなければなりません。こんにちの学界で行われているような、あらゆる種類の社会論、社会的、政治的な制度をめぐるあらゆる種類の偽《にせ》療法について、議論三昧に終始するのではなく、堅実な態度で霊学的世界観に社会問題を結びつけるのです。自由の思想は自由の学に結びついていなければならないのです。

極左的なブルジョワにはこのことが期待できません。プロレタリアートにこそ期待できるのです。このことを、私は何度も思い知らされました。シュパンダウでのことでしたが、あるとき、その地で労働者集会があり、私はその労働者たちにまじって、短い発言をするつもりでしたが、一時間一五分に及ぶ長い話をしてしまいました。それはローザ・ルクセンブルク（一八七〇―一九一九）が――彼女はすでに有名でした――偉大な講演を行った後のことでした。そのときの聴衆は、労働者だけでなく、女・子どもも一緒でした。幼児も赤ちゃんもいて、泣き叫んでいましたし、犬もその講堂の中にいました。ローザ・ルクセンブルクは「学問と労働者」について語りましたが、その話に結びつけて、そのための本当の土台は、すでにでき上がっているのだ、と述べたのです。つまり、学問を霊的に理解することができるならば、です。言い換えると、新しい生活形成を霊的に求めることが大事なのだ、と言ったのです。こういうとき、私はいつも何人かの人から賛同を得ました。しかし、現在に到るまで事情は変わりませんが、学問を仕事にしている人たちの無感覚がすべてを駄目にしてしまうのです。労働者は結局、こういう連中から学問を学びます。自然学者、医師、法律家、哲学者、文献学者などなどからです。

私たちはいろいろな種類の人びとを体験しました。私たちはテオドール・ヘルツカ（一八四五―一九二四年、経済学者）と彼の自由の土地を体験しました。私たちはミヒャエル・フリュルシャイム（一八四四―一九一二年、農地改革者）を体験しました。その他にも偉大な社会理想を実現しようとした多くの人を体験しました。しかし、すべての人が挫折してしまいました。挫折せざるをえなかったのです。その理想が霊学的な基礎の上に、自由な学問的思考の基礎の上に打ち立てられたのではなかったからです。その理想は、外なる感覚世界に依存し、堕落した思考を基礎にしていました。その思考は近代実証主義科学の思考だったのです。

感覚の拘束から解放された思考と霊界の探求との上で、倫理上、社会上、政治上の問題も扱われなければならないことに気づく日、近代実証主義のあの霊性否定を克服する日、そのような日こそが、新しい人類の本当の黎明の時であると言えるでしょう。その日には、こんにち私がまったく不十分な仕方で明らかにしようと試みた言葉が、もはや荒野に叫ぶ説教者の言葉にならず、同じ時代を生きる者同士の心と魂に通じる言葉になるでしょう。人びとはあらゆる言葉に耳を傾けます。ウッドロー・ウィルソンの話さえ聴こうとします。ウィルソンの話を聴く以上のことをします。けれども、人類の進化の精神に発する言葉だけは、人びとの心と魂への通路を見つけ出せずにいます。しかし、その通路は必ず存在するはずです。自由が理解されたなら、社会の人びとの心と魂を捉えることができるはずです。

しかし自由を理解するのは、放埒な精神ではなく、確実に思考を働かせる自由な精神です。社会における自由な秩序の意味が理解されたならば、暗黒の中に現在さまざまに求められている光が輝き出るでしょう。

愛する皆さん、以上のことを、歴史思想との関連でお話ししようと思いました。時代は移りつつあります。私は今、もっといろいろなことを心に思い浮かべていますが、それについては、あらためてお話しいたします。私がこの地上の人生において過ごした時代のいろいろと徴候的な個人関係に言及したことを、どうぞ悪くとらないで下さい。たとえ個人的な出来事であっても、それを個人的に受けとるのではなく、時代と時代霊とが私たちに求めていることの徴候として受けとることが常に私の目指していることであった、と皆さんにお伝えしたかったのです。

第七講

一九一八年一一月一日

今回の連続講義では、二つの考察を行いたいと思っています。この二つは、見たところあまり関連がありませんが、私たちの考察が終わりまで来たときには、この両者の間に内的関連のあることが、わかっていただけるはずです。

すでにお話ししたように、第五後アトランティス期におけるこれまでの宗教の発展について、徴候となる事柄をいくつかお話しする一方で、私たちがこれから育てようとしている精神生活が、「ゲーテアヌム」という名を冠した施設とどの程度関連しているかについても、少しお話ししたいと思います。

こういう事柄について考える場合、現代という時代が特別の意味をもっている、ということを前提にしています。私たちは現在、人類史上特別の時点に立っているのです。未来に何が起こるか分からない時代であればこそ、その不確かな未来に勇気をもって眼を向けるべき時代に、そしてまた、ある種の決断を強いられる時代に立っているのです。

「ゲーテアヌム」という名をつける外的なきっかけとなったのは、しばらく前の公開講演の中で、私が自分の個人的な意見として、私の考えている精神方向を育てるための施設であれば、「ゲーテアヌム」と呼びたい、と述べたことだったと思います。昨年もこの名称について話し合いましたが、今年になって何人かの友人たちが「ゲーテアヌム」という名を選ぶのに賛成してくれました。

最近も述べたのですが、私にとってこの名を選ぶ理由はいろいろあります。それらの理由をすぐに言葉にするわけにはいきませんが、今日の講義で、日曜日に話したのと似た考察から始めるなら、たぶん、これらの理由にも触れることになると思います。

今日は個人的なお話をしないつもりでしたが、ゲーテアヌムとの関連で具体的なお話を少ししますと、ご承知の通り、私の主要な、最初の仕事は、ゲーテの名と結びついていました。そしてこの仕事の行われた地域は、現在、圧倒的な、ともいうべき破局の生じている地域です。当時、私は霊学的な世界をゲーテとの関連において考えていたのですが、先回『自由の哲学』との関連で述べたように、この考察はここ数十年間における諸事件の展開と不可分に結びついていました。

私は一八八〇年代の終わりまで、オーストリアに住んでいました。そしてそのあと、ドイツの、始めはワイマールに、それからベルリンに居を移しました。このことは、私の『自由の哲学』並びに私のゲーテについての諸著述の成立と内的な関連をもっています。もちろん外的な関連があるわけではありませんが、個々の徴候に眼を向けますと、次第に、具体的に、内的な関連に行きつくのです。私が「歴史徴候学」と名づける事柄を、個人の人生に適用してみますと、これまでの歴史上の人物のスケッチからも分かるように、歴史も、個人の生活も、徴候として理解する必要が生じます。ですから、そのような徴候を現実の内的諸経過に還元する必要があるのです。しかしそのためには、外的な諸事実を内的な経過へ移行させようとする意志がなければなりません。

いいですか、現代人の多くは、超感覚的に見ることを学びたいと思っていますが、そのための道が困難なので、たいていの人はその道を避けてしまいます。ですから、超感覚的に見ることのできる人でも、自分の超感覚的な直観とはまったく別なところで外的な生活をいとなんでいるのです。もちろん、こういう区別をする場合、超感覚的な直観が個人的な契機以上に出ることはほとんどありません。私たちの時代は、過渡期です。たしかに、どの時代も過渡期ですが、大切なのは、何が移行しているのかを見ることです。

現代は、非常に重要なことが移行しています。人間のもっとも内なる部分に関わること、人間のもっとも内なる部分にとっての重要なことが移行しているのです。

社会のいわゆる教養層がここ数十年間、文明世界全体に対して何をやってきたかを振り返ってみますと、すでに述べたように、眠りこけている人類社会の本当に悲しむべき姿が見えてきます。これは批判のつもりではありませんし、悲観論を呼び起こすつもりもありません。逆に、今もっとも重要なことを実行に移せるように、人びとを促したいのです。つまり、正しい洞察を持つことを、です。これが当面、もっとも大切なことなのです。現代は、いろいろな幻想をはね返して、洞察に到らなければならない時代なのです。

私は、または誰それは、何をすべきなのか、などという問いかけはしないで下さい。そういう言い方はすべて、洞察を得るのには不適当な問いかけです。大切なのは、どうしたら現代の状況が洞察できるか、です。

十分な洞察が得られたなら、きっと何をしたらいいかも分かるでしょう。正しい洞察が持てたときにこそ、為すべきことが見えてきます。しかし、そのためには、多くのことを克服しなければなりません。特に、外的な出来事を、超感覚的な、内的な進化の徴候として見ることを学ばなければなりません。外的な事象は、歴史のいとなみとしてあるだけでなく、私たちの存在全体に働きかけているのです。

ひとつの例をあげてみましょう。私たちは何度も詩人ロベルト・ハマーリンク（一八三〇―八九年、オーストリアの作家）のことを取り上げました。現代人は、いわゆる因果律をあらゆる分野に適用することが正しいと思っていますが、因果律をあらゆる分野に適用できると思うのは、現代人のもっとも悪しき幻想なのです。ハマーリンクの生涯を辿ってみると、短期間グラーツで高等学校の代用教員をやった後で、トリエステに移り、そこから何度も休暇を利用して、ヴェニスへ行ったことが、彼の魂にとってどんなに重要なことであったかに気づかされます。ハマーリンクは南方のアドリア海の近くで十年間過ごしました。トリエステでは高等学校の教員として働き、そして好んでヴェニスを訪問しました。ロベルト・ハマーリンクの魂の中には、南方に対する燃えるような熱狂があったのです。彼はこのときの十年間の経験から、後期の詩作のための生命力、魂の生命力を得たのです。おそらく、ハマーリンクの存在全体は、もしも十年間をトリエステやヴェニスで過ごさなかったなら、別のものになっていたでしょう。

　そこで考えてみて下さい。誰か小市民的な文学史の教授がロベルト・ハマーリンクの伝記を書き、ロベルト・ハマーリンクが生涯の、まさに適切な時点でなぜトリエステに移ることができたのか、資力がなく、教員の給料だけが頼りであった彼が、なぜ適切な時点でトリエステに移ることができたのか、その理由を解明しようとしたとします。私はトリエステに移ったときの外的な事情についてお話しましょう。当時、ハマーリンクは高等学校の代用教員でした。オーストリアでは補充教員と呼んでいますが、代用教員としてグラーツの高等学校に勤めていました。代用教員は、しばしばいわゆる定職に就きたいと思っています。そのために、役所に

「不承不承」あらゆる種類の書類を提出しなければなりません。成績表なども必要です。これらの書類は次々に上司のところに廻されて、文部大臣のもとにまで到ります。ロベルト・ハマーリンクが代用教員を勤めていたグラーツの当時の高等学校長は、カルテンブルンナーと言いました。彼からハマーリンクは、「ブダペストに高等学校教員の欠員ができた」、と聞きました。当時はオーストリア＝ハンガリー二重国家は存在していませんでしたから、まだ高等学校の教員がグラーツからブダペストへ、ブダペストからグラーツへ自由に移動することができました。ハマーリンクはブダペストの高等学校教員の職を得ようとして、きれいに書類を書き、すべての成績表を添えて、校長カルテンブルンナーに提出しました。ところがこの校長はそれを机の引き出しに入れたまま、忘れてしまいました。その結果、ブダペストでは別の人がその職を得、ハマーリンクはその地位を得られませんでした。しかし、この校長が書類を役所に提出するのを忘れてくれたおかげで、ハマーリンクは、重要な十年間をブダペストではなく、トリエステで過ごすことができたのです。なぜなら、その後トリエステに職を見つけることができたからです。もちろん二度目ですから、校長のカルテンブルンナーも、ハマーリンクの書類を引き出しにしまい忘れたりはしませんでした。

　この場合のように、外から見ると、ハマーリンクの生涯における極めて重要な出来事が、カルテンブルンナーという人物の物忘れの結果、可能となったのです。そうでなかったら、ハマーリンクはブダペストで悶々としていたことでしょう。もちろん、こう言ったからといって、ブダペストの悪口を言おうとしたのではありません。ただ、南方に憧れていたハマーリンクにとっては、ブダペストでは、気が晴れなかっただろうと思うのです。彼の内的な要求に応えるものには出会えなかったはずです。正しい、本当の伝記作者なら、ロベルト・ハマーリンクのグラーツからトリエステへの移住が、カルテンブルンナーの物忘れによって可能になった、と述べなければなりません。

　これは極端な例ですが、こういう例は、誰の人生においても生じます。人生を外的な出来事で判断しようとする人は、因果関係を明らかにできたと思えても、カルテンブルンナーの物忘れとロベルト・ハマーリンクの精神的発展との関連以上の、もっと深い関連を見つけ出すことはできないでしょう。この例が示しているように、外的な生活を内なるものの原因ではなく、内なるものを開示する徴候である、と見なすのです。この根本命題を真剣に受けとめることが、非常に大切なのです。

　先回言いましたように、一九世紀の四〇年代から七〇年代にかけては、ブルジョワジーにとっての危機的な時代でした。しかし、この危機の時代をブルジョワジーは眠って過ごしました。ですから七〇年代の終わりから、不幸な数十年の歴史が生じ、こんにちの破局的な状況に到ったのです。私自身はこの数十年の最初の時期をオーストリアで過ごしました。精神文化との関連において、一九世紀最後の三分の一の時代、オーストリアは非常に注目すべき状況にありました。血統上ドイツ人である若者がオーストリアの歴史の中にいた、という前提で事柄に光を当てることは、私には当然のことです。ドイツ人がオーストリアの領域にいるのと、いわゆるドイツ帝国内にいるのとでは、またはスイスにいるのとでは、まったく異なります。もちろん、人生を過ごすうちに、すべてを理解しようと努めなければなりません。そして実際にすべてが理解できるようになれば、どんなことにも関わりをもって生きていくことができます。

しかし、オーストリアで生活しているドイツ人が、自分の生活環境の社会構造を基準にしている限り、「そういうオーストリア系ドイツ人が、例えばスイスに存在するあの独特な国家意識を理解できるだろうか」、と問うなら、その人が自分で努力したのでない限り、この問いを否定しなければなりません。オーストリア系ドイツ人の生活環境は、もしその人が自分で努力して獲得したのでない限り、例えばスイス人のもっている不屈の国家意識のようなものをとても理解させてはくれません。

人類社会におけるこのような環境の差違は、あまり顧慮されていませんが、もし私たちがやがて生じるであろう、否、現在すでに生じている困難な諸問題を理解しようとするのでしたら、このことを顧慮しなければなりません。

私の場合、成長期には、もっとも重要な諸事象を何も知らずに過ごしました。もっとも重要な諸事象を何も知らずにいたのです。このことが私の成長期におけるもっとも顕著な特徴でした。もしもそのことが正統なドイツ系オーストリア人のもっとも基本的な体験でなかったのなら、こんなことは何も申し上げなかったでしょう。ある人には、他の人とは違った仕方で現れるのだったら、です。私はオーストリア系ドイツ人のごく普通の生き方をしていました。九歳から一八歳までの私は、毎日二回もオーストリアとハンガリーの国境を平気で越えて暮らしていたのです。国境にはライタ河が流れていました。この河を越して、ハンガリー領内の家からオーストリアの学校まで通っていたのです。私はポチャハに住み、ヴィーナー・ノイシュタットの学校に通いました。歩けば一時間ぐらい、列車で一五分ぐらいかかりました。あの路線には急行はまだ通っていませんでした。今も通っていないかもしれません。オーストリアとハンガリーの国境をいつも通過したのですが、そのとき、外国で「オーストリア」と呼ばれているものの二つの顔、両面を知ったのです。以前は、国内にいると、「オーストリア」を今のように単純に受けとめるわけにはいかなかったのです。

　この点、今では――もっと単純であるとは言えません。もっと単純であるはずはありません――別です。以前、人びとはオーストリア帝国の両半分を区別しなければなりませんでした。一方の半分は、公式には「オーストリア」とは呼ばれず、「帝国会議に参加せる諸王国と諸地方」と呼ばれました。この半分はライタ河のこちら側にあり、ガリシア（カルパチア北方山麓地帯）、ボヘミア、シュレジア（現ポーランド領）、モラヴィア（チェコ中部地方）、上オーストリア、下オーストリア、ザルツブルク、チロル、シュタイアーマルク（オーストリア南東部）、クライン（ユーゴスラヴィアの一地方）、ケルンテン（オーストリアの一地方）、イストリア（アドリア海の半島）、ダルマチア（ユーゴスラヴィアの一地方）を含みます。もう一方の半分は、ハンガリー王の諸領域です。ハンガリーにはクロアチアとスラヴォニア（クロアチア北東部）も属していました。さらに八〇年代からは、ボスニアとヘルツェゴヴィナが、帝国両半分に共有されました。とはいえ、一九〇九年までは占領地であり、その後、併合されたのです。

　さて、私の住んでいた地域では、先程言いましたように、私の九歳から一八歳までの頃、特に深刻な事件といえるものは何も起こりませんでした。その地域で目立ったものといえば、フロースドルフでした。フロースドルフというのは城の名前です。この城の城主はシャンボール伯（一八二〇―八三年）でした。彼はブルボン王家の出で、一八七一年、アンリ五世という名でフランス王になろうとして失敗した人物です。それ以外にも、彼はいろいろ不思議な雰囲気を漂わせていました。根っからの聖職者でしたが、彼とその周辺には、没落しつつある世界が幻のように立ち現れていました。しかしそういうものは、一般の住民たちには関係のないことでした。そこにはかつて、世界が非常に重要だと認めており、今でも多くの人が非常に重要だと思っている何かがあったのですが、本当は単なる残骸であって、何の意味もなくなっていたのです。

次に目立ったことと言えば、一種のイエズス会修道院でした。もともとは由緒正しいイエズス会修道院でしたが、人びとはそこの修道士たちを「リグオリアン」と呼んでいました。イエズス会の分派のことです。この修道院はフロースドルフの近くにありました。修道士たちはよく散歩していました。イエズス会の修行についても話題に上りました。あれこれの噂を耳にしましたが、特に私たちとは関係のないことでした。一体そういうことが人類の未来とどんな関係があるのか、と思いました。黒い僧服を見ていると、人類の未来に働きかけてくる現実の力からまったくかけ離れている、と思わざるをえなかったのです。

第三に、この私の居住地には、フリーメーソンのロッジもありました。牧師はフリーメーソンについてひどく悪く言っていましたが、もちろん私にはまったく縁のないことでした。なぜなら、誰も中に入っていくことはできなかったのですから。あるとき、門番が中を見せてくれたことがありましたが、こっそりと見せてくれただけです。しかし次の日曜日には、牧師からフリーメーソンについて決定的に否定的な説教を聞かされました。要するに、私とは関係のないことだったのです。

本来何の縁もない事柄を、もっと意識的に自分に作用させようとする気持ちが私にはありました。私自身の成長過程を振り返ってみますと——このことが私を「ゲーテ主義」へ導いてくれたのですが――、霊界に対する強い関心が幼い頃から存在していた一方で、外的な事情から、ギュムナジウムで学ぶことができませんでした。しかしそのことは非常に意味があり、私のカルマをよい方向へ向けてくれました。ギュムナジウムで学ぶ事柄を、私は後になって、独学で身につけました。オーストリアのギュムナジウムの教育は、当時決して悪くはありませんでしたが、七〇年代以降、ますます悪くなっていきました。そして現在、ここ数年来、憂慮すべきことには、近隣諸国のギュムナジウム制度にどんどん似てきています。当時は特に悪くはなかったのです。けれども、もしも私があの当時、ヴィーナー・ノイシュタットのギュムナジウムに通うことになったとしたら、今の私はそれを喜べないでしょう。私は実業学校に通うことになったお陰で、近代的な思考の準備をし、特に自然科学の考え方に親しむことができるようになりました。

　自然科学の考え方を身につけることができたのは、オーストリアの実業学校の優れた教師一人ひとりのお陰です。最高の近代設備がととのえられていた、当時のオーストリアの実業学校の優れた教師たちは――いつも少数ではありましたが――、近代自然科学的な思考に通じていました。私たちのヴィーナー・ノイシュタット校の場合、決していつも教師に恵まれていたわけではありません。低学年のクラスでは――オーストリアの実業学校の一年生から四年生まで――、宗教の時間がありました。私たちの宗教の教師は、非常に好感の持てる人物でしたが、私たちを信心深い人間に育てるには、まったく適していませんでした。彼はカトリック司祭でしたが、私たちを信者にするのにはふさわしくなかったのです。そのことは、三人の少年が――この少年たちが彼の息子であるのは、誰でも知っていました――必ず私たちの学校から帰っていく彼にくっついていた、という事実からも明らかでした。

しかし、私は今でもこの人物を非常に高く評価しています。なぜなら、本来の宗教の授業以外にも、クラスの中でいろいろと話してくれたからです。宗教の授業では、生徒のひとりを呼んで、数頁分を朗読させるだけでした。生徒が理解しても、しなくても、ただ暗誦させられ、暗誦できればそれだけで高い評点がもらえました。しかし、もちろん暗誦した内容は、まったく分からずじまいでした。クラスの外では、大切なことを忘れ難い言葉で語ってくれましたが、その話し方は、非常に気持ちのいいものでした。

さて、こういう学校では、いろいろなタイプの先生が教えています。そして教えてくれたすべては、徴候的な意味をもっています。二人のカルメル会士が教えていました。ひとりはフランス語を、もうひとりは英語を教えました。英語の先生は、ほとんど英語が話せませんでした。というか、英語のセンテンスを一度も口にしなかったのです。博物学の教師は、神や宇宙について何も理解していませんでした。しかし、数学、物理学、化学、特に画法幾何学の分野では、非常に優れた先生方がいました。私はこれらの分野を学び、自然科学の思考を身につけることができました。そのとき、人類の未来と本質的に結びついている衝動が私に授けられたのです。

実業学校を何とか卒業して、大学生活を迎えるようになる頃には、公共生活にも、一般社会の動向にも、関心を持たざるを得なくなります。

さて、私たちのようなオーストリア系のドイツ人は、いわゆる帝国のドイツ人とは本質的に異なった仕方で、ドイツの本質を体験し、認識します。実際、人類の進化過程には関心を持っても、オーストリアの国家問題には表面的な関心しか持てず、そのことに内的な関わりをあまり見出せなかったのです。これに反して、私の場合もそうでしたが、一八世紀末から一九世紀初頭のドイツ文化、私の言う「ゲーテ主義」には、無関心ではいられませんでした。この文化を、オーストリアのドイツ人は、帝国ドイツ人と異なる仕方で受容しました。

忘れてならないのは、近代自然科学を追求したときの私たちが、ここ数十年来オーストリアの西部を覆いつくしている、ある種不自然な社会環境で育ってきた、ということです。西オーストリアの人びとは、非常に好感の持てる人が多いのですが——もちろん私を例外としてです——、その人たちの心を外的な仕方で、内的にではなく、捉えてきた教権主義的なカトリシズムから私たちは育ってきたのです。西オーストリアの教権主義的カトリシズムは、本質的にいわゆる「反宗教改革」の申し子であり、ハプスブルク家の王権政治の申し子なのです。プロテスタントの考え方は、オーストリアでもかなり普及していましたが、三十年戦争の時代が、そしてそれに関連したすべてが、ハプスブルク家に反宗教改革運動を生じさせました。そして――また私を除外したいのですが――、素質的に非常に知的であるオーストリア＝ドイツ民族の上に恐ろしい闇をひろげる可能性を、同王家は持っていました。反宗教改革運動を担っているカトリック主義によって、人びとは一切の宗教的な事柄に恐ろしく外的な関係を持つようになりました。宗教に対して外的に関わるようになったことを意識できた人たちはまだ幸運でした。その関係が意識できなかった人びとは、自分の信仰が正しく、真実であると思っていました。しかしその人びとの生活は、恐るべき錯覚にとらわれていました。それとは知らずに、恐るべき虚偽の中で生きていたのです。そして、こういう虚偽の人生は、魂の内部を荒廃させてしまうのです。

もちろん、魂の恐るべき荒廃に対して、自然科学の衝動は何の関係も持てません。しかし、個々の人びとは、この荒廃から立派に立ち直りました。そして一八世紀末から一九世紀初頭にかけて、中部ヨーロッパの精神生活の最盛期を共に生き、そしてレッシングに始まり、ヘルダー、ゲーテ、ドイツ・ロマン派などを通して近代人の中に入っていったもの、また広く「ゲーテ主義」と呼ばれるものを知ったのです。

数十年間、霊性を求めるドイツ＝オーストリア人にとって重要なことは、ドイツ＝オーストリア人が一定の限界を超えて、レッシング、ゲーテ、ヘルダーらの民族共同体からまったく異質の環境の中に入っていったことでした。そして、そこで生じたものだけを得ました。個人の魂は、自分に関係のない事柄を周囲に見出していたのです。

人びとは次第にその環境になじんで、まるで自分の本質であるかのように感じ始めたのですが、その環境は、人びとを成長させてはくれず、自分に関係のない事柄だけを含んだ共同体に人びとを組み入れたのです。あの時代にゲーテの理念を心に抱いて、感動して世界を闊歩できたのは、まともな人ではありませんでした。感動の言葉はどこにも伝わらず、正直に誠実な闘いをすることなど不可能だったのです。当時のオーストリア皇太子ルドルフ（一八五八―一八九年）の書物のような場合には、です。つまり、彼の取り巻きたちは、その本のタイトルを『オーストリア―言葉と図像』と名づけましたが、人びとはこういう本の内容とは何の関係もありませんでした。人びとは外的にはそこに属していましたが、そういうこととは何の関係もありませんでした。人びとは本当に中部ヨーロッパの本質から生じたもの、広義での「ゲーテ主義」を魂の中に担っていたのです。

このゲーテ主義――この言葉の下にシラー、レッシング、ヘルダー、ドイツ観念論哲学者たちも含めています――は、世界の中で不思議なくらい孤立しています。この孤立は、近世の全発展にとって大きな注目に値します。なぜなら、真剣にこのゲーテ主義に関わろうとする人にとって、この孤立は少し内省的、思索的になるように促してくれるからです。

レッシングからゲーテを超えて、ドイツ・ロマン派の人びとによって、ほぼ一九世紀中葉まで、一体何が世界にもたらされたのでしょうか。そのとき世界に生じたものは、それ以前の歴史伝統とどういう関係にあるのでしょうか。

中部ヨーロッパの歴史は、カトリックからプロテスタンティズムが生じた事情と深く結びついています。一面では、中部ヨーロッパの内部では、例えばドイツ帝国内では、――オーストリアについてはすでにお話ししました――、前に述べたローマ＝カトリックの普遍衝動が働き続けていました。この衝動は、オーストリアではより外的な仕方で、そしてドイツではより内的な仕方で、多くの人びとの心をとらえてきました。その意味では、例えばオーストリアのカトリックとバイエルンのカトリックとの間には大きな違いがありますが、いずれの場合にも、数世紀に及ぶ過去の遺産がこんにちまで生きています。しかし、このカトリック文化の中に、プロテスタント文化、もしくはルター文化が流れ込みました。この文化がスイスではツヴィングリ派、カルヴァン派などの異なる形態をとっているのは、ご承知の通りです。

さて、いわゆるドイツ民族、特に帝国ドイツの民族に属する多くの人びとは、ルター主義を信奉しています。では、ゲーテ主義とルター主義との間には、どんな関連があるのでしょうか。注目すべきことには、どんな関連もないのです。たしかにゲーテはルターを学び、カトリシズムも学びました。しかし、ゲーテの魂の「酵素」を探ってみますと、ゲーテにとって、カトリックやプロテスタントの問題以上にどうでもいい問題はなかった、とさえ言えます。彼の生活環境の中には、そういう宗教問題が生きていましたが、彼自身はそれにはまったく無関心でした。それどころか、さらに言えば、ヘルダー（一七四四―一八〇七年）は牧師であり、教区監督でさえありましたが、ヘルダーの著作を読みますと、ヘルダーの場合にも、外から見ると、もちろん彼は牧師としてルターから多くを得ており、ルター主義から育った人物であったにもかかわらず、彼自身の思考は、ルター主義とはまったくかけ離れていたことが分かります。

　ですから、ゲーテ主義といえるものはすべて、まったく孤立して存在しているのです。そして、この孤立化の本質を考えてみると、それがまさに第五後アトランティス期のさまざまな衝動の中から結晶化したものであることが分かります。ルターはゲーテに何の影響も与えませんでした。しかし、カール・フォン・リンネ（一七〇七～七八年）、スピノザ、シェイクスピアはゲーテに影響を与えました。影響関係から言うと、この三人の人物は、ゲーテの魂の発展にもっとも大きな影響を与えたのです。

　ゲーテ主義が歴史上、孤立した現象だという事実が、ゲーテ主義の大衆化を不可能にさせてきたのです。事実、古い伝統は残っていますが、一般大衆の中にレッシング、シラー、ゲーテの思想を普及させようとする試みは、まったくなされませんでした。ましてこれらの人物の感情を普及させようとする試みがあるはずもありませんでした。

これに反して、一方では古いカトリシズムが、他方では古いルター主義が、まるで「ノアの洪水」以前から続いてきたかのように生き続けました。ゲーテの属した文化潮流であり、ゲーテを生んだ文化潮流でもある、あのリンネ、スピノザ以来の文化潮流の精神的な作業が、プロテスタント牧師の説教と結びついていたということは、注目すべき事実です。プロテスタントの牧師の中には、近代文化と関わりをもつ人びとがいたのですが、しかし、そのこととその人たちの説教とは切り離されていました。現在の精神的な養分は、実際に、「洪水」以前のものだったのです。時代の求めているもの、時代に力を与えうるものとは、まったく無関係だったのです。

　とはいえ、プロテスタントの説教は、もちろん私たちの精神文化の別の側面との関連を示しています。つまり、現代人の大多数の精神生活は、そもそも時代の現実の外でいとなまれてきたのです。このことは、近代市民主義的俗物根性のもっとも目立った特徴です。近代市民主義的な俗物のいとなむ精神生活は、現実の外でいとなまれており、そこでの一切の論議は、現実の外で行われています。ですから、徴候として深く、深く記しづけられているような現象だけが、私たちの問題になるのです。

　みなさん、戦争肯定派に属するここ数十年来の俗物たちの文献を読んでみると、そこでは繰り返してカントが引用されています。ここ数週間の間に、この戦争派の俗物たちは、和平派の俗物たちに衣替えしました。状況が戦争から平和へと移ったからです。この俗物たちの変化は大した意味のあることではありません。本質的なのは、彼らが変わらず俗物であり続けていることです。事実、今日のグスタフ・シュトレーゼマン（一八七八―一九二九年、政治家）も、六週間前のシュトレーゼマンも同じ俗物なのです。

　こんにちでは、カントを和平派の俗物として引用することがはやっています。このことは、現実とは無関係なことです。人びとは、そこで引用されているものと、何の関係も持っていません。ただ人びとは言葉を味わっているだけなのです。

　このことは、現代のもっとも特徴的な事実のひとつです。ゲーテ主義という精神の大波が打ち寄せても、それとは気づかずにいるのです。この事実は、現代の破局的な諸事件を前にした私たちの心に苦悩となってのしかかってきます。第五後アトランティス期におけるもっとも重要なこの大波は、どこへ行ってしまうのでしょうか。現代の世界状況の下でも、この波から何も生じないのでしょうか。そう問うとき、苦悩が私たちに重たくのしかかってきます。

　このこととの関連で、次のように言うことができます。第五後アトランティス期のもっとも重要な諸衝動に従おうとする試みを、私たちが「ゲーテアヌム」と名付けたのは、決して無意味なことではなかったのだ、と。ゲーテアヌムなる施設に、どういう運命が待っていようともです。この施設がどれほど長い間ゲーテアヌムの名を保ち続けているかは、どうでもいいことです。大切なのは、もっとも厳しい時代状況の中で、ゲーテアヌムという名を用いようとする思いが存在した、という事実です。

まさにこの事実によってこそ、ゲーテ主義の孤立した状況が、私たちにとって特別の意味をもちうるのです。前にも述べたあの時代のオーストリアで、何も特別のことが起こらなかった状況の中でも、同じようなことが起こった、と言えます。なぜなら、もしも人びとがゲーテ主義を大切なものと思っていたならば、こんにちのような時代は来なかったでしょうし、この破局的な状況は決して生じなかったでしょうから。人びとは言うことでしょう。ドイツ＝オーストリアでは、個々の人物たちが、あれこれの業績を上げてきたのではないか、と。そう言えるのは、大衆一般が、反宗教改革のカトリック主義の恐ろしいほどの重圧の下に生きているからです。しかし、その重圧の中で、個々の人びとは、ゲーテ主義を自分の魂と深く結びつけることができました。

何度も申し上げましたが、私自身、カール・ユリウス・シュレーア（一八二五―一九〇〇年、文学史家）という、そのようなオーストリア人の知遇を得ました。彼は、どんな分野で仕事をするときも、その仕事をゲーテ衝動から行ったのです。将来いつかは、カール・ユリウス・シュレーアのような人たちが一九世紀後半のオーストリアの政治状況について考えてきた事柄を、まとめて出版する機会が出てくることでしょう。しかし今のところ、この人びとの声に誰も耳を傾けようとはしません。しかしこの人たちは、どうすればこの「今」が避けられるのか、知っていました。しかし、誰も耳を傾けようとしなかったので、その「今」がここまで来てしまったのです。

　ドイツ帝国の場合はどうだったのでしょうか。とりわけ強い印象を受けるのは、ゲーテとの強い結びつきが生じたとき、どこにおいても人びとは、その結びつきに関心を寄せようとしなかったことです。私は一八八九年の末に、ワイマールに移りました。数日前にはワイマールのよき思い出をお話ししました。当時、私はすでに自分の初期のゲーテ論を発表しておりましたが、私が心に抱いていたゲーテ像は――それはゲーテにおける霊的な側面でしたので――、本当の理解を、心からの理解を見出すことはめったになかったのです。外的な社会は、あるいは外的な社会の内面においては――内なるものの外的なあらわれと言ってもいいかもしれません――、ゲーテ衝動とはまったく無縁の生活を続けていました。ゲーテ衝動は、社会のどこにおいてもまったく無視されていました。特に大学で、ゲーテ、レッシング、ヘルダーなどを講義していた文学史担当の教授たちは、まったく無視していました。ドイツの中で、おぞましいゲーテ評伝を書くという罪を犯したすべての俗物たちも、無視していました。

　ゲーテについて書かれ、印刷された怪文書のすべての中に埋もれていたときの私の心をわずかに慰めてくれたのは、シュレーアの諸論文であり、早くから愛読していたヘルマン・グリムのすばらしいゲーテ論でした。しかし学会は、ヘルマン・グリムについてまともな評価をしようとはしませんでした。ヘルマン・グリムは、精神生活の領域をただ散歩しているだけで、まじめな学究であるとは言えないというのが、学会の評価でした。

もちろんカール・ユリウス・シュレーアも、大学の学者たちから重要視されていませんでした。彼は今でも、小品だけの著述家と思われています。実際、こういうことを話し出したら、きりがありません。こういうすべての事例が示しているように、学会のさまざまな分野で――学会とジャーナリズムとを区別する気はないのですが――、どんな学問分野でも、学問の流れは、ここ数十年間、腐敗した市民主義に行き着いてしまっています。精神生活をいとなんでいるのに、精神生活の真実の内容とは何の結びつきももたない、完全に眠りこけた市民主義に行き着いているのです。このような立場に留まっている限り、もちろん、ゲーテ主義に達するはずがありません。ゲーテという人物は、言葉の真実の意味において、第五後アトランティス期のもっとも新しい精神の持ち主でした。ゲーテの場合、すべてが非常に独特な性質を示しています。

まず第一に、彼の世界観全体は、ゲーテ自身が成し遂げた以上に、もっと高く精神の高みへ導いてくれる力をもっています。しかもその世界観全体は、確かな自然科学の地盤の上に立っているのです。自然科学の地盤の上に立つことができなければ、現代では、どんな世界観も確かなものとはいえません。したがって、一八九七年当時、私が書いたゲーテ論の中には、必要な限りで自然科学上の諸問題が取り上げられています。この本は今、『自由の哲学』の新版を出したのと同じ理由で、新しく出版されました。俗物たちはその当時、「著者は『ゲーテの世界観』という表題をつけているが、むしろ『ゲーテの自然観』と名付けるべきであった」、と論評しました。当時は私の著書も、まだ書評の対象になっていたのです。

さて、ゲーテの世界観を論じるには、ゲーテの自然観の確かな基礎を示し得るように論じなければならないのですが、もちろん仮面をかぶったゲーテ研究家、あるいは文学史家、あるいは哲学者たちは、そのことが理解できずにいたのです。

ゲーテの第二の特徴も、ゲーテを第五後アトランティス期のもっとも新しい精神にしています。直観的な自然観から芸術へ導いていく、あの独特な内なる精神の道が提示されたのです。自然観と芸術活動、芸術創造、芸術ファンタジーとの関連を、ゲーテの魂の中に辿ることは、ゲーテ研究のもっとも興味深いテーマのひとつです。型にはまった理論問題ではなく、生きた現実の問題が、そこから百と言わず、千の数に及ぶほど出てくることでしょう。このまったく独特な、注目すべき認識の道を考察するときには、です。ゲーテはこの道を、自然を芸術的に、しかも事実として考察しつつ、常に歩み続けたのです。事実、ゲーテは芸術を、ゲーテ自身の言葉を用いれば、「神の自然創造の、高次の段階での継続」であると、感じていたのです。

ゲーテの世界観の第三の特徴は、ゲーテの人間観です。ゲーテは、人間を宇宙全体の中に置き、人間の中に宇宙全体の花と実を見ていました。人間を孤立したものと見るのではなく、自然の根底に存在する精神性が人間を貫いて働いているのを、彼は知っていました。ですから、人間の魂とは、自然の霊が自分と出会う舞台のことなのです。しかし、今抽象的に述べたこの考え方は、問題を具体的に考えようとすると、無限に多くの考え方がそれに結びついてくるのです。そして、このことが確かな基盤になりうるのは、基本的には、まさにこんにちの時代に、超感覚的、霊的な考察の至高の高みへと導く思想が打ち立てられたときなのです。

世界は、ゲーテ主義との関係を獲得することを怠ってきました。このことに注意を向けるなら、この世界を罵《ののし》ったり、叱りつけたり、批判したりする代わりに、ひたすらゲーテ主義との関係を獲得しようと努めるでしょう。事実、ゲーテ主義の道を辿り続けるなら、人智学的な霊学に到るはずです。そして、人智学的な霊学なしには、世界はこんにちの破局的な状況から抜け出られません。ゲーテから始めて霊学に達するとき、私たちはもっとも着実に始めることができるのです。

以上のすべては、さらに別なことと関連しています。前に申し上げたように、現在の精神生活は、説教壇から始まり、それとは気づかせずに多くの人びとの生活を虚偽の生活にしてしまったのです。この精神生活は、実に古くさいのです。同様に現在の大学の全学部の学問生活も同様に古くさいのです。ところが、この事情は、それと並んでゲーテ主義が存在する分野においては、異常なものに、伝統的に異常なものになっています。なぜなら、ゲーテの人格上の特質は、普遍性を持っておりますので、現代社会のどんな分野においても、ゲーテが目立たぬ種を蒔《ま》くことができた分野では、いたるところでそれが芽を出し、そしてついには、偉大な何かを達成するところにまで行くからです。ゲーテの中には、それほどまでに偉大なものの萌芽が含まれています。それは極めて近代的なものでありながら、人びとはそのことをまったく知ろうとせず、考え方においても、生き方においても、大学文化という古くさいものだけに眼を向けています。近代の大学文化は、たとえあれこれ新しい発見がなされているとしても、古めかしい弁髪《べんぱつ》なのです。しかしそこには、真の精神生活であるゲーテ主義が存在していません。ゲーテは、知られざる普遍文化であり、隠れた大学なのです。そして今、精神生活を不法にも支配しているのは、現代の大学制度です。

　現在、私たちが経験している世界的な破局のすべては、要するに、大学生活の社会化の結果にすぎません。こんにち、大学で人びとはあれこれの政治問題を語り、あれこれの人物を論じ、社会主義を論じ、ボルシェヴィズムを論じ、芸術のよしあしを論じます。またその人びとは、あれこれの生じることを恐れ、あれこれの地位に誰が就くかに関心を寄せています。その人びとは六週間前には、今語っているのと正反対なことを語っていました。そういうことがすべて大学には存在しています。

こういうことはどこから生じたのでしょうか。結局は、現代の教育制度から生じたのです。それ以外の理由は、要するに本質的ではありません。いわゆる近代文化の根に斧を打ち込まねばならないのに、その根幹から注意をそらす結果にしかなりません。本来どこを破壊しなければならないのか洞察できなければ、どんなに気のきいた思いつきを語ったところで、何の役にも立ちません。

前に述べたように、ある種の事柄は、何も私の関心を引きませんでした。何が私の関心を引かなかったのか、ここで皆さんに打ち明けてみましょう。実業学校から大学へ移ったとき、私はいろいろな講義を聴くために、いろいろと受講登録をしました。しかし、そのどれもが私の関心を引きませんでした。なぜなら、私たちの時代の進化に結びついた衝動がどこにも感じられなかったからです。最近お話ししたように、私はあらゆる学部に顔を出しました。つまらぬ人間になりたくなかったので、私は特にゲーテ主義という、あの一大宇宙に心を寄せていましたが、ゲーテ自身が大学生活の中で、講義の内容に関心が持てなかったことを学んだのです。ゲーテは当時のザクセン王国の国立大学であるライプツィヒ大学でのどの講義にも関心を寄せることができず、そしてストラスブルク大学に移ったときにも、講義内容に興味が持てませんでした。それにもかかわらず、ゲーテの芸術分野のもっとも芸術的なものでさえも、厳密な自然科学の確かな地盤の上に立っています。ゲーテは、一般の大学生活とは反対に、もっとも近代的な認識衝動に従っていました。このことは、ゲーテ主義を論じるとき、決して忘れてはならないことです。

私のゲーテ研究は、私の著書『ゲーテの世界観』においても、読者にこのことを意識させたかったのです。本当のゲーテを知ってもらいたかったのです。けれども時代はまだ、そうなってはいませんでした。いわば、そのための共鳴板が欠けていたのです。そのための共鳴板が存在していたのは、ワイマールでした。最近お話ししたように、ワイマールには、そのための共鳴板があったのです。しかし、この共鳴板は正しく用いられず、そこで働いていた人びとは、この共鳴板から離れて、別な方向へ向かってしまいました。もし、近代がもう少しゲーテ主義を深く身につけようとしていたなら、霊学を受け容れる条件ができたことでしょう。実際、ゲーテ主義は霊学を学ぶための基盤を用意しています。もしもこの条件が整っていたなら、ゲーテ主義は、現代人の健康回復の方法となり得たでしょう。現代人の生活を、表面的な態度で眺めるだけでは済まされないのです。

昨日、バーゼルで公開講演をする機会がありました(『自然科学による超感覚的認識の正当化』一九一八年一〇月三一日のこと)。そのとき私は、次のように話しました。――「誠実な科学者なら、超感覚的な認識の問題に関心を寄せないはずはない」。この問題に距離を置こうとするのは、論理的な理由からではありません。こんにちの文明世界のあらゆる領域において、現在の破局を生じさせているあの野蛮さがそうさせるのです。この点で非常に象徴的なのは、次の事実です。

数年前にゲーテ協会は、退職した元大蔵大臣を会長に選びました。これは私が大事にしている事柄に対する、人びとの冷淡さを象徴しています。最近述べたように、この元大蔵大臣の名前が、クロイツヴェンデディヒ（十字架がお前を変えますように）であるというのも徴候的かもしれません。この元大蔵大臣は、彼がどっぷりとつかっている嘘の生活の中で、自分はゲーテを尊敬している、と思っています。なぜなら、現代の教養を受けた結果として、彼はゲーテ協会の会長であることとゲーテ主義のもっとも基本的な要素との間がどれほど遠く隔たっているか、予感さえしていないからです。その距離は、言ってみれば、宇宙的な距離なのです。何十光年も離れているのに、です。

もちろん、今の時代がゲーテ主義の内部に深く入っていくことはありえません。なぜなら、いいですか、ゲーテ主義は国民的なものではないからです。ゲーテ主義はドイツ的なものではないのです。すでに言いましたように、ゲーテ主義はスピノザから養分を得ています。スピノザがドイツ人であるとは言えません。同様にシェイクスピアもドイツ人ではあるとは言えません。リンネもドイツ人ではありません。そしてゲーテ自身、この三人の人物が自分にもっとも影響を与えてくれた、と語りました。その点で彼はまったく正しいのです。ゲーテを知っている人なら、このことをまったく正しいと思っています。

ゲーテは、ドイツ人として存在していました。ゲーテ主義は、一度ドイツで存在できたのです。けれどもゲーテ主義は、どこの人間の思考の中にも働くことができるでしょうし、どんな宗教生活の中でも働くことができるでしょう。さらに、どんな科学分野においても働くことができるでしょうし、人間の共同生活のどんな社会形態の中でも働くことができるでしょう。ゲーテ主義は、政治生活においても働くことができるでしょう。いたるところでゲーテ主義は働くことができるのです。今の世の中は、おしゃべりの言うことにしか耳を傾けようとしません。ルドルフ・オイケン（一八四六－一九二九年、哲学者）やアンリ・ベルグソン（一八五九－一九四一年）など、どんな分野にもおしゃべりがいます。しかし、政治家のおしゃべりのことをとやかく言いたくはありません。なぜなら現在のこの分野は、政治イコールおしゃべりになってしまっているからです。

皆さん、精神生活と現実との乖離に対して、私たちは、ひとつの明確なプロテストをしようとしています。このプロテストは今後ひどく嫌われるようになり、それを押し通すことがひどく困難になるでしょうが、もちろん問題は現在の時点です。そして、この現在のプロテストこそが、今私たちの望んでいるゲーテアヌムなのです。私たちがこの地で、ゲーテアヌムについて語ることは、現代のもっとも重要な問題に、もっとも重要な要求に応えようとする意志を意味しています。このゲーテアヌムは、現代の俗物主義のまっただ中で欲せられたプロテストなのです。

もちろん、多くの現代人の心にかなう言い方をしようとするなら、ウィルソン主義《ウィルソンアヌム》と言ったほうが賢明でしょう。なぜならウィルソンという言葉は、現代の旗印なのですから。現代では全世界がこの旗印に頭を下げようとしています。そして将来も頭を下げ続けることでしょう。

今、誰かがやってきて、ウィルソン主義に対する唯一の救いは、ゲーテ主義である、と言ったら、多くの人に訝《いぶか》しがられるでしょう。事情通なら、そんなことを言うのは党派根性だ、と言うでしょう。しかし、そういう言い方のほうが、世間知らずなのです。

ここで言う事情通とは、こんにちの世界秩序を維持しようとしている人たちのことです。この人たちは、自分を実際家だと思いこんでおり、現実関連を洞察して、この世界はウィルソン主義に汚染されている、世界のあらゆる生活領域は救済手段を必要としている、と言う人に激しく対抗しています。ゲーテ主義に対しても、です。

私は最近、『ゲーテの世界観』第二版の出版に際して、このことに関係のある個人的な経験をしました。この本は奇妙な事情が重なりあって、まだ手元に届いていないのです。現代は、いつでもどこかで少し我慢しなければいけない事情が生じます。実際的な人びとが、数ヶ月も前に、『自由の哲学』と『ゲーテの世界観』を、印刷所から直接こちらに送らせたほうがいい、と言いました。そのほうがベルリン経由で送らせるよりも早く届くから、と言うのです。その人たちは、自分が実際的な事情に通じている、と思っています。

さて、『自由の哲学』が実際家たちによって発送された、と通知を受けましたが、何週間経っても到着しません。ベルリンの人には、とうに見本版が送られてきています。しかし、ここにはまだ一冊も届いていないのです。なぜなら、実際家たちが余計なことをしたからです。私たち非実際的な人間は、何も手を出してはいけないのです。しかし『自由の哲学』はどうなったでしょうか。出版社の実際家たちが発送してくれたのですが、彼らはバーゼル近郊のドルナハに送るように言われたのに、こう考えたのです。――バーゼル近郊ドルナハ、それはエルザスにあるのだろう。実際、エルザスにもドルナハがあり、やはりバーゼルのそばである。それなら外国のスイス用の切手を貼る必要はないだろう、ドイツ国内の郵便料金で足りるはずだ。そう考えて、ドイツ国内の郵便切手を貼って出したのです。

こうして実際家の配慮で、全部がエルザスのドルナハに向けて送られました。しかし、そんな所はどこにもないのです。ですから、私たち非実際的な人間は、抗議しなければなりませんでした。そして長いやりとりの末に、その実際家がドルナハはバーゼル近郊であって、エルザス内にはないことをやむなく悟らされた後で、『自由の哲学』がここに届いたのです。『ゲーテの世界観』のほうは、誰か実際家の手で、シュトゥットガルトからバーゼル近郊のドルナハへ送られてくる代わりに、「北の岬」（ヨーロッパ最北端の岬のこと）を経由して送られてくるのかどうか、私は知りません。いずれにせよ、この例は、実生活に実際家たちが関わってくると、どんな体験をさせられることになるかをよく示しています。

これは、私の意図から離れた状況の中で、私が時代に役立とうとしていた領域で、個人的に体験させられたことです。時代の衝動から書かれた私のさまざまな著作は、さまざまな分野で、時代のために働いてきました。ここ数十年間、これらの本は時代に対して実際に働きかけてきました。人びとは野蛮にも、何でも押し通すことができる、と思っています。しかし実際には、時代の衝動に反して、何かを押し通すことはできません。時代衝動と結びついた多くのことが今、抑圧されています。しかし抑圧されているものも、後になって、たぶん別の名前で、別の関連の中で、ふたたび道を見つけ出すでしょう。

この二冊の書物も、他の著作と並んで、現代という時代に役立ってくれる、と私は信じています。どんな小さな、どんな初歩的な行為でも、時代に役立つことができます。ただ、ゲーテ主義に到ろうとする勇気を持たなければなりません。ゲーテ主義は、自由な学問世界として、こんにちのすべての人が、もっとも過激な社会主義者でさえも信奉している古くさいノアの洪水以前からの大学と並んで存在しているのです。

こういうことは、個人的な意見であると思われがちですから、あんまり言いたくありません。彼は大学教授になれなかったので、大学の悪口を言っている、と思われかねません。そういう感想は、誰にでもよく分かります。時代の本来の悪に出会うのは、何らかの政治的、経済的、宗教的、科学的等々の分野で実績をあげる人びとではありません。現代の指導層の権威にすべてを従わせようとするあの最悪の「不可謬《ふかびゅう》のドグマ」を持ち出す人たちだけが、出会うのです。こんにちの公的な研究機関の中には、もちろん有益な植物がありますが、それと並んで無数の雑草も繁茂しています。私が国家や国民について語るときは、決して特定の国家や国民のことを言っているのではないように、ここでも私は、決して個々の大学研究者のことを言っているのではありません。優れた学者たちがいるかいないか、そういうことを問題にしているのではなく、制度の本質を問題にしているのです。制度がどんなにひどいものか、次の事実がよく示しています。——少しばかり発達し始めたにすぎない学校、つまり工業専門学校が、今すでに総合大学の姿をとり始め、そしてそのことによって、すでに堕落への道を突き進んでいるのです。

　今日述べたような事情は、私たちの人智学上の話し合いでの一種のエピソードのようなものにすぎません。しかし現代という時代は、私たちの思考と感覚を、こういう方向に向けさせます。私たちがこういう考察をしなければならないのは、残念ながら、他のどこでもこういう考察がなされていないからです。

私たちの時代は、ゲーテ主義から遠く隔たっています。もちろん、ゲーテ主義とは、ゲーテを研究することでもなければ、ゲーテの著作を読みふけることでもありません。私たちの時代は、人生のあらゆる分野で、ゲーテ主義を必要としています。そう言うと、党派的に、非実際的に聞こえるかもしれません。私たちが人生のさまざまの分野を、ゲーテ主義の地盤の上にうち立てようとするとき、合理化という現代のブルジョワ社会の唯一の方向とはまったく違った方向へ人びとを導きます。ゲーテ主義の地盤の上に立つ人は、霊学に出会うでしょう。このことを人びとの心に、しっかり焼きつけたいのです。

以上は数十年来、私がさまざまな機会に述べてきた事柄です。しかし、時代に仕えるために心に血を流しながら語ったことの多くが日曜日の午後のありがたい説教のように受けとられてきました。なぜなら、文化の眠りをむさぼろうとする人びとは、日曜日の午後の説教しか望まないのですから。

大切なのは、具体的に時代の要求を知ろうとすることです。時代の要求を洞察しなければならないのです。こんにち特に大切なのは、洞察することです。私たち一人ひとりは、何をなすべきなのか。そう問うことは、この前代未聞の混乱の中では、陳腐な問いでしかありません。混乱はもっともっとひどくなっていくでしょう。

こんにち、特に必要なのは洞察することです。それによって、今日取り上げた分野での「不可謬性」を克服しなければなりません。

この『ゲーテの世界観』という小冊子は、認識のすべての分野において、現在二つの流れが存在することを示すために書かれました。ひとつは頽廃の中を生きていく方向で、すべての人がその前に頭を下げています。そしてもうひとつは、未来のための実り豊かな萌芽を含んだ方向で、すべての人がそれを避けています。人びとは、この数十年間、いろいろと間違った経験をしてきました。その多くは、まぎれもなく自業自得でした。しかし、人びとが気づくべきなのは、人びとがもっとも誇りに思っている教育の頽廃です。人びとは学校の教師たちとひどい経験を共にしてきましたし、これからもっとひどい経験を共にすることになるでしょう。

しかし、人びとは今、世界の教師（ウィルソン）と共に経験を重ねなければならなくなりました。この教師に世界秩序をゆだねたのは、世界そのものです。あらゆる分野で、大学の教壇から世界について語ってきたおしゃべりたち、大学のおしゃべりたちに、全世界を秩序づけようとするおしゃべり［ウィルソンのこと］が加わったのです。

悲観主義に陥るためではなく、ウィルソン主義にゲーテ主義を対比させるために、以上のお話をいたしました。国家主義を鼓舞するために以上のお話をしたのではありません。ゲーテは国民的な精神だったのではなく、国際的な精神だったのです。世界はゲーテ主義の代わりに、ウィルソン主義を持ち出す害毒から身を守らなければならないのです。

第八講

一九一八年一一月二日

　これまでいろいろな観点から、第五後アトランティス期の特徴を取り上げてきました。この時代は、一五世紀初頭に始まり、四千年紀の中葉まで続きます。私たちの時代には、この時代の初頭に生じた諸事件に深く関わる歴史徴候が非常に多いのです。これからの講義の中でお話しするように、人類史全体の流れの中で、この第五後アトランティス期を五つに区分することができます。現在の私たちは今、この時代の第一期から第二期への転換点に、決定的なことの生じる重要な地点に立っているのです。

　この後アトランティス期の諸衝動を宗教との関連で概観しようとするとき、ここで申し上げている徴候がとても大切になるのです。なぜなら、人類の宗教衝動の進化に真剣に関わろうとするや否や、取り上げるべき現実を通常の言語で表現するのが難しく、せいぜい暗示することができるだけだからです。ですから、今日と明日の話の背後にも、いろいろなことを見ようと試みてください。私が秘密を切り売りしようとしているからではなく、現実の諸衝動の多様性を関連づけるには、私たちの言語が無力すぎるからです。しかし、こんにち特に注意したいのは、霊学的にこの問題を考察するなら、本当に思考することを心掛けなければならない、ということです。現代人は多かれ少なかれ思考することをあきらめています。もちろん私の言う思考とは、こんにちの学問を高慢にしている、あの近代的な思考のことではなく、正しく現実を関連づけることのできる思考のことです。

この問題を考察するには、人類史上の二つの流れに注目する必要があります。ここにいらっしゃる皆さん、どうぞこの考察を行っているときの私の表現に注意して、今日の話の背後にある事柄まで聴きとろうと試みて下さい。

まず、後アトランティス期の人類史に関わる事柄を取り上げますと、私は、後アトランティス期の人類は、ますます若くなっていく、と言いました。後アトランティス期の第一期、いわゆる古インド期には、身体が五〇歳まで成長し続けました。それから古ペルシア期になると、身体の成長期がより短くなり、エジプト＝カルデア期にはさらに短くなりました。そしてギリシア＝ラテン期になると、三五歳までしか身体が成長できなくなりました。そして、現在の時代になると、環境が二八歳までしか成長を許さなくなりました。それ以上の成長力は、霊的な衝動から取り出してこなければなりません。そして、次の第六後アトランティス期になると、二一歳までしか成長できなくなるでしょう。こうして時代が進んでいきます。人類は、時代が下がるに従って、この意味でますます若くなっていくでしょう。これが人類進化のひとつの様相なのです。

さて、今述べた進化の過程は、人類全体についてのことです。人類はこういう進化を通過します。この進化に関して――一方の進化について言うなら――、人類は二八歳と二一歳の間の時期に立っています。それは、特に感覚魂を発達させる時期です。ですから、こんにちの私たちは、全人類が特に感覚魂を発達させる進化期を生きています。全人類がです。これが進化のひとつの側面です。

しかし、私は進化の別の側面についてもお話ししました。古インド期の場合、個人がエーテル体を通して進化しました。第二後アトランティス期の古ペルシア期の個人は、感覚体を通して進化しました。エジプト＝カルデア期の個人は、感覚魂を通して、ギリシア＝ラテン期の個人は、悟性魂＝心情魂を通して進化しました。そして今の時代の個人は、意識魂を通して進化しています。ですから、これが第二の進化です。全人類が進化する一方、個々の人間も別の仕方で進化していきます。私たちの時代の個人は、意識魂を発達させています［図10］。

図10におけるように、第三の進化の流れもありました。地上の個々の民族の発達です。すでにお話ししたように、個々の民族、例えばイタリア民族は、特に感覚魂を強めるような進化を

遂げ、フランス民族は、悟性魂、心情魂を強めるような進化を遂げ、英語を話す諸民族は、特に意識魂を強めるような進化を遂げています。これが第三の進化です。これらは互いに混交していますから、現代において、個々の側面だけを強調するわけにはいきません。

しかし、これら三つの進化は、一人ひとりの中で結びつき、魂に働きかけています。皆さん、実際、宇宙秩序は単純ではありません。宇宙秩序を単純な表現で理解できると思いたいなら、教授になるか、スペイン国王になるかしなければなりません。言い伝えによれば、スペイン国王は、ここで取り上げる宇宙秩序よりもはるかに複雑でない宇宙秩序を学んだのに、「もしも神が自分に宇宙創造をまかせてくれたら、こんなに複雑な仕方ではなく、ずっと簡単な仕方で宇宙を構築しただろう」、と言ったそうです。

教科書その他の啓蒙書はいつも、「真理は単純でなければならない」、という原則に従っていますが、この原則に従う

［図10］第五後アトランティス期の進化

【第一の進化】

全人類が感覚魂を
発達させる。

【第二の進化】

個人が意識魂を
発達させる。

【第三の進化】

諸民族の場合。

のは、なんらかの現実の基礎からではなく、もっぱら安易さへの要求からです。怠け心からとも言えます。現実のためには、ただ記録するだけの図式主義では何の役にも立ちません。アカデミックな学問の分野でこんにち特に好まれている、あのつるつるした、うなぎのような概念は、真の現実から、天文学用語を使えば、数十光年も隔たっているのです。

　この第五後アトランティス期の人間の魂の中に宇宙から働きかけてくるものをすべて理解しようとするなら、人類の進化を部分的にではなく、全体的に考えなければなりません。進化はゆっくりと働きかけてきます。私たちの時代の宗教上の進化に眼を向けようとするとき、私たちはまさにこの三重の進化を常におさえておかなければならないのです。実際、第五後アトランティス期の初頭においては、文明社会の多くの他の分野の生活だけでなく、宗教の生活にもまた、多くの高波を生じさせました。人びとが本当に意識魂を働かせるとき、時代を完結したものとしてではなく、生成していくものとして考察しなければなりません。なぜなら、昨日述べたように、生起するものを洞察することによってのみ、地上の人類の更なる進化に関わることができるからです。

　一五世紀初頭の頃、文明社会に宗教衝動が湧き起こりました。まずヨーロッパの場合を考察してみましょう。なぜなら、ヨーロッパを見れば、地球全体の働きも見えてくるからです。ヨーロッパに湧き起こったこの宗教衝動は、長い間準備された衝動でした。ヨーロッパと西南アジアで、新しい精神生活が一〇世紀、または九世紀以来、準備されてきました。そしてこの準備は、文明社会内のキリスト衝動によって生じました。私たちは、このキリスト衝動が多くの時代を通じて継続してきたのを知っています。しかし、キリスト衝動は継続してきた、という抽象的な命題だけでは、あまり意味がありません。どんな仕方でこのキリスト衝動が個別化し、分化し、変容してきたのか、その過程をよく洞察しなければなりません。

　このキリスト衝動は、一五世紀初頭、新たに動き始め、こんにちも人びとの中に深く深く作用し続けています。その作用の多くは、無意識的で、予感されることもないのですが、現代の破局的状況と深い関連があります。そして九世紀、一〇世紀から文明社会の分野で、本来のキリスト族を生じさせる用意をしてきたのです。キリストの啓示を未来の諸世紀へ持ち込むために、特別の内的な能力をもった集団を、です。今でも後の世のために、ある民族が世界の出来事を通して、キリスト族となるための準備をしています。

　すでに九世紀にキリスト衝動がヨーロッパで個別化しました。それによって個人の魂がキリスト衝動を直接自分の心に作用させることができるようになりました。そしてキリスト衝動のこの個別化は、ヨーロッパの東方へ移っていきました。当時、総主教フォティオス（八二〇頃～八九一年頃）、教皇ニコラウス一世（八〇〇頃～八六七年）の下で成し遂げられた事柄は、キリスト衝動を特別集中的な仕方でヨーロッパ東方へ押し戻しました。

ご存知のように、このことは有名な論争を引き起こしました。聖霊は父と子から出たと考えるか、それとも違った考え方をするかをめぐる争いです。しかし、この教義論争に今深入りするつもりはありません。キリスト衝動の継続的な働きに眼を向けたいのです。キリスト衝動の個別化もしくは変容は、ヨーロッパ東方の人たちの魂をキリスト衝動の継続的な影響、キリストの息吹きに対して開かせました。この変容は、東方へ移され、その結果、ロシア民族を広義でのヨーロッパ文明内のキリスト族にしたのです。

今の時代にこのことを知ることは、特別に重要です。この事実はこんにちの出来事を前にすると奇妙に思える、とは言わないで下さい。そういう言い方は、霊的な真実のもっとも基本的な命題を誤解させてしまいます。外的な事象は、しばしば事象の内的真実に矛盾しているのです。大切なのは、世界のそこここで、外的な出来事が事柄の内的真実に矛盾しているかどうかではなく、何が本来の内的経過であり、何が霊的現実なのかを洞察することなのです。本来の霊的現実は、ヨーロッパの諸領域について言えば、キリスト族を生じさせるために、九世紀以来、霊的衝動を東方へ注ぎ込む、ということなのです。

では、一体「キリスト族」とは何でしょうか。ヨーロッパ東部にキリスト衝動に直結して生きている人びとがいた、という意味です。その人びとの魂の中には、キリスト衝動が絶えず滴《したた》り落ちているのです。キリスト衝動が、絶えずこの人びとの思考や感情を貫いて輝く内なるオーラとなっているのです。このことは、外的な歴史の中の諸徴候から確かめることができます。しばしば現実と矛盾している外的な諸事実にではなく、内的な諸経過に眼を向けるならば、このことが完全に現実と一致していることが分かるでしょう。今日の講義のはじめに言いましたように、私はこのことを考察しようと思ったのです。

近代ロシア民族の最大の哲学者ウラディーミル・ソロヴィヨフ（一八五三―一九〇〇年）のような人物以上に、今述べた事柄に対する外的な、直接の証明はありません。ソロヴィヨフを読んでみると、私が別の観点からソロヴィヨフについて述べた特性のすべてにもかかわらず、「キリストの霊感」とでも言うべきものが、彼の中に流れ込んでいるのを感じます。キリストの霊感が彼の魂の中に強く働き、外的な社会生活においても、眼に見えぬキリストが人間の社会共同体の王であると考えられています。彼の場合、すべてがキリストに浸透されており、どんな行為も、キリスト衝動が筋肉の中にまで働いているのです。キリスト族のもっとも純粋で、もっとも美しい代表が、哲学者ソロヴィヨフなのです。

そのときからこんにちまで、ロシアは発展を続けています。ロシア民族がキリスト族であることを知る人は、あとで述べるように、現在の様相を呈するまでの発展が理解できると思います。キリスト衝動の分化の一つがキリスト族となったロシアなのです。

キリスト衝動の第二の分化は、東方へ向かって持続的に作用するキリスト衝動を観察してきたローマが、キリストの霊的支配を教会の世俗的支配につくり変えた結果です。ローマは、キリストの働きは西暦紀元の始まりに生じた一回限りの啓示であった、と教えました。そしてこの啓示は、教会の手にゆだねられ、教会がこの啓示を外的な仕方で担い続けるべきだったのです。

しかしこのことによって、キリストの啓示は、同時に世俗的な権力の問題になり、そして教会によって管理されるようになりました。このことに注目することは大切です。なぜなら、このことによって、キリスト衝動の一部分が折り取られてしまったからです。完全なキリスト衝動は、それを直接、現在形で作用させているキリスト族のもとにあるのです。ローマ教会は、この働きを折り取り、キリスト衝動を西暦のはじめに押し込み、その後のすべてを伝統に、もしくは文献上の伝承にして、そして、それを教会に管理させせました。

その結果、ローマ教会の影響圏内にある諸民族のキリスト衝動は、東方に存在し続けた霊的な高みから引き下ろされ、政治的陰謀の中に引き込まれ、すでに別の観点から取り上げた中世における政治と教会のあの癒着を生じさせました。ロシアにおいては、後に述べるように、ツアーリがロシア教会の法王と呼ばれていたにもかかわらず、この癒着は存在していませんでした。ただ外見上、そう見えるだけでした。ここにヨーロッパ史の重要な秘密のひとつがあるのです。政治権力と教会管理の癒着は、ローマから生じたのです。

キリスト衝動と政治権力と教会管理のこの癒着は、第五後アトランティス時代の冒頭になると、歴史進化の法則に従って危機に行き着きました。この数日来の考察からも明らかなように、この第五後アトランティス期は、まさに意識魂の時代であり、人格（個人）が特別に尊重され、個人が自立しようとする時代です。この個人の自立の朝焼けのときに、イエス・キリスト自身の人格の問題を考察するのは特別難しいことだったのです。

キリストという神霊存在とイエスという人間の身体との結びつきについての中世の教義は、一五世紀を通して有効に作用し続けました。この教義は、もちろんさまざまな形をとっていました。しかし、この問題をめぐる魂の激しい葛藤は、それ以前には存在していませんでした。この魂の葛藤は、ローマ・カトリシズムが、個人の自立の時代にも普及していた諸地域の中で盛んになりました。その諸地域では、イエス・キリストの人格を明らかにしたいという要求が生じました。そしてこの問題をめぐって、フス、ウィクリフ、ルター、ツヴィングリ、カルヴァンの大規模な闘争が生じました。この闘争はさらに、再洗礼派に受け継がれ、例えばカスパル・シュヴェンクフェルト（一四八九―一五六一年）、セバスティアン・フランク（一四九九―一五四三年）、その他多くの人びとに受け継がれ、そして常に、キリストの神霊的本性とイエスの世俗的、人間的な本性との関連を明らかにしたいという要求を呼び起こし続けました。すべてがこの要求をめぐって闘われました。そしてそこから、多くの結果が生じました。特に中世以来の潮流に対する、つまり本来、常に作用しているキリスト衝動が、西暦紀元のはじめに存在しただけで、その後は教会の管理下でのみ維持され続ける、と主張する潮流に対する懐疑を生じさせたのです。

このように、ローマの影響を受けた民族はすべて、「教会族」になったのです。

それぞれ特定の立場に立つ諸教会、諸教派が設立されました。皆さん、ロシアでもそのような諸教派が設立された、とは思わないでください。こういう考え方は、問題を混乱させてしまいます。教派というひとつの言葉で、地域ごとにまったく異なる在り方をしている事象を語ると、そうなるのです。ロシアの教派の研究をすると、ローマ・カトリック教会の影響下にある諸領域での教派族とはまったく似ていないことが分かります。事柄を同じ呼び方をすることが問題なのではなく、事柄の中の現実要因が問題なのです。

すでに述べた諸理由で、そして今ふたたび取り上げた諸理由で、人びとの無意識に暗示をかけようとする統一的なローマ・カトリック教会に対する反抗が、まさに一五世紀初頭の人びとの生活と活動を特徴づけています。

そして、個人のこの挑戦に反撃するために、イエズス会主義が教会のローマ主義の立場に立って働きます。イエズス会主義は、その本来の意味においては（たとえ――きびしい言い方ですが――今の時代は何もかも好んで話題の対象にしてしまい、イエズス会主義もいたるところで話題に取り上げられているとはいえ）、ローマ・カトリック教会内においてのみ可能なのです。

なぜなら、イエズス会主義は何に基づいているのでしょうか。イエズス会主義は本質的に次のことに基づいています。本来のキリスト族の場合、キリスト衝動の西暦紀元の始まりに生じた一回限りのあの啓示が超感覚的な雲の中に留まっており、物質的＝感覚的な世界に降りて来ないのですが（ソロヴィヨフは世俗の国を神の国にまで高めようとしますが、神の国を世俗の国へ引き下ろそうとはしません）、イエズス会主義は、神の国が物質界の内部で、物質界の法則に従っても働けるようにする、という原則に従っています。ですから、イエズス会主義は世俗の支配下においても、キリスト王国が生じうるような制度をつくろうとしています。特に、イエズス会そのものに所属する人たちを宗教の兵士共同体にすることで、この意図を実現しようとしています。

イエズス会士の一人ひとりは、自分を霊的な兵士であると感じ、霊的なキリスト、つまり霊的な手段で世界に働きかけるキリストを世俗の王でもあるかのように感じ、かつ、そう考えています。イエズス会士は世俗の王に仕えるように、兵士が大元帥に仕えるように、キリストに仕えるのです。もちろん、教会制度は、霊的なものに関わるのですから、世俗の軍隊とは違いますが、霊的な秩序の中にきびしい軍隊秩序を持ち込むのです。真のキリスト者が大元帥イエスの一兵士になるように、すべてが取り決められているのです。

このことが、本質的に、イエズス会士のあの修行、霊操の目的なのです。この修行は、ものすごい精神力を養成します。イエズス会は長い間、その精神力を育ててきました。そしてその精神力は、私たちが今陥っている混沌の時代の頽廃現象の中でも作用を続けています。イグナティウス・ロヨラ（一四九一頃―一五五六年）が定め、イエズス会士によって誠実に守られている『霊操』の瞑想はすべて、イエズス会士をまずイエス・キリスト大元帥の兵士にするためのものなのです。

ここで若干の例を挙げてみましょう。例えば『霊操』の第二週の修行法を見てみますと、イエズス会士は冒頭の瞑想において、心の中に「キリストの国」を思い浮かべることからはじめます。その場合、キリストが前方で総司令官として、世界を征服するために集められた諸部隊を統率しているようにイメージするのです。

それに続いて、準備の祈りを唱え、次に最初の準備修行に入ります。

1　まず場所を生きいきと思い浮かべる。主キリストが説教しつつ巡り歩くシナゴーグ（ユダヤ教の会堂）、都市、地域を生きいきと思い浮かべる。

2　私は恩寵を請い願います。このときは、私たちの主の恩寵にすがって、主の呼び声に耳を閉ざさずにいられますように、主の聖なる意志に熱心に応えることができますように、と願う。

次いで本来の修行に入ります（以上に述べたのは準備の修行でした）。本来の修行の第一部は、三つの点に分けられています。魂は、非常に入念に、用意をととのえられます。

第一点、私は眼の前に地上の王を思い浮かべる。主なる神御自身によって選び出された王である。諸侯であるすべてのキリスト者は、この地上の王を畏敬し、服従を誓う。このすべてを修行者は、感覚体験と同じくらいの強さで、生きいきと思い浮かべなければなりません。

第二点、この王が臣下のすべてにこう語りかけるのをイメージする。――信仰のない者たちの国を征服しなさい。これは私の意志である。したがって、私と共に従軍しようとする者は、私と同じ食べ物、同じ飲み物、同じ衣服などで満足しなければならない。同様にその者は私と同様、昼には努力し、夜には目覚めなければならない。それによって私と労苦を共にし、将来、私と勝利を共にすることができるように。

具体的なイメージが直接意志の中に入っていき、意志を燃え上がらせ、意志を霊化します。

そうすることで、意志を強めるのです。

第三点、私は、よき臣下たちが人びとのために役立つ高貴な王にどのように応えなければならないか、と考える。そして、こういう王の要求に応じられない人は、全世界から非難され、悪しき兵士と見なされることになる、と思う。

イエズス会士がはっきりと自覚していなければならないのは、自分がこの大元帥のまともな兵士、戦士でなければ、全世界から堕落した人間だと思われてしまう、ということなのです。

次に第二週の第二部が始まります。

この修行の第二部は、先に述べた三点に応じて、主キリストの比喩としての地上の王を取り上げる。

第一点、地上の王がその臣下に要求することを重視するとき、主キリストである永遠の王を見、かつその王の前に広がる全世界を見て、主キリストがこの全世界と個々人とに呼びかける言葉――私の意志は、全世界とすべての敵とを制圧して、私の父の栄光に応えることだ――を考察することが、ますます大切になる。

第二点、私は、理性と判断力を有するすべての人が、どうすれば全面的にあの王の求めに応じられるかを考える。

第三点、さらに大きな帰依を表明して、永遠の王である至高の主にひたすら仕えようという願いを心に充たしている人は、あの王の求めに全面的に従うだけでなく、自分自身の官能性、肉欲、世俗愛に逆らって、より高い価値に従い、より大きな重圧に耐える。その人は次のように語る。――万物の永遠なる主よ、私は、あなたの恩寵とあなたの助けの下に、あなたの限りない善の前で、あなたの栄光に充ちた聖母とすべての天なる宮廷の聖者たちの前で、私自身を供犠に捧げます。私はそう願い、そう努めることを誓います。そして、あなたへの奉仕とあなたの讃美に価する限り、あなたに従います。あなたの至聖の威厳が私をそのような生活へ、そのような立場へ導いて下さるのであれば、どんな苦しみ、どんな屈辱、どんな貧困にも、世俗的に、宗教的に、堪え忍ぶ決意です――。

この修行は一日二回行われる。すなわち、朝、起床後と、昼食または夕食の一時間前に。

第二週以降、非常に大切なのは、『キリストに倣いて』もしくは『福音書』と『聖人伝』

を読むことで、イメージを、そして特に意志を鍛えることである。

以上から分かるように、これらの観想を意志の中に作用させるとき、意志は、この兵士の意志は、心の中でイエス・キリストを大元帥にしています。「天上の宮廷」について語るときの意志は、あらゆる形式のへりくだりの下で、この宮廷に仕えようとします。

観想によって意志に特別強く働きかけるこの修行は、絶えず繰り返されることで、意志にものすごい強さで作用します。実際、イエズス会の修行は何をおいても意志の修行なのです。以上に述べた観想は、次の数週間、基本の行として毎日繰り返されることがいいとされます。できれば以上のような形で、その日の特別の瞑想の前に、それを行うのです。例えば、第四日目の場合、「いつものように準備の祈り」を行い、次いで最初の準備の修行に入ります。

1　歴史経過を取り上げる。ここでは、キリストがすべての人に、自分の旗の下に集まるように呼びかける。一方、ルツィフェルも自分の旗の下に集まるように呼びかける。

修行者は、正確に旗をイメージしなければなりません。そして二つの旗、すなわちルツィフェルの旗とキリストの旗の下に立つ二つの軍勢をイメージします。

2　場所の観想。ここでは、エルサレムの全地域の情景を見る。われわれの主キリストが善き者たちの唯一至高の総帥として立っている。しかしもう一方の情景は、バビロンの地域で、その首長として天敵ルツィフェルが現れる。

さて、ここでは二つの軍勢が対峙しています。ルツィフェルの旗とキリストの旗の下に。

3　私は以下のことを祈願します。悪しき指導者の幻惑を洞察し、その誘惑から守れますように、至高の総帥の教える真の生活が認識できますように、主に従うことができますように。

さて、本来の修行の第一部は、ルツィフェルの旗です。修行者は霊的な眼差しをルツィフェルの旗の下に立つ軍勢に向けます。

第一点、私はバビロンのあの壮大な情景の中にすべての敵の上に立つ司令官を見ているように観想する。この司令官は、火と煙の高座にあって、恐怖を呼び起こす姿を示している。

第二点、この司令官が無数の悪霊たちを呼び集め、どんな土地も、どんな身分も、どんな個人も見過ごすことなく、あるグループをこの都市に、他のグループを他の都市に、そして遂には全世界に彼らを送り込んでいるのを観想する。この派遣を、個々の細部に到るまで具体的にイメージします。

第三点、ルツィフェルが悪霊たちに向けて語るのを観想する。彼は悪霊たちに向かって網を打つよう求める。つまり悪霊たちは人びとを誘惑して、富を熱望させ、富を得ることで、ますます世俗的な虚栄心を求めさせ、歯止めのきかぬ高慢に陥るように仕向ける。第一段階として富が、第二段階として名誉心が、第三に高慢が生じる。そして、この三つの段階からルツィフェルがさらにすべての他の悪徳へ向かうように誘惑する。

第二部　キリストの旗——

同じ仕方で、その反対側に、われらの主キリストを、至高の、真なる司令官としてイメージする。

第一点、イスラエルの飾り気のない場所に、美しく、愛すべき姿で立っている、われらの主キリストを観想する。

第二点、主キリストが全世界から使徒、弟子たちを選び、全世界へ送り込むところを観想する。彼らはさまざまな生活状況にある、さまざまな身分の者たちに、主キリストの聖なる教えの種を播く。

第三点、われらの主キリストが、派遣された従者たち、友たちに語る言葉を観想する。キリストはこの人たちが、すべての人の役に立ちたいと思うように望んでいらっしゃる。この人たちは、まず第一に、すべての人を最大限の宗教的貧困に駆り立てる。キリストの尊厳のために選ばれた人たちをも、同様に真の宗教的貧困に駆り立てている。第二にこの人たちは、すべての人に屈辱と軽蔑を求めさせている。なぜなら、貧困と軽蔑の二つから謙虚の徳が生じるのだから。

したがって、三つの段階が存在する。第一に富の代わりに貧しさを、第二に世俗的な名誉の代わりに屈辱と軽蔑を、第三に高慢の代わりに謙虚さを求めさせる。この三つの段階から、キリストの使者たちは人びとをすべての徳へ導く。

修行はこのような仕方で行われます。大切なのは、皆さんに申し上げたように、世俗的に組織されている国を、イエス・キリストの徴兵隊であるようにイメージすることなのです。イエズス会は、私が第二の潮流であると述べた、教会民族衝動のもっとも首尾一貫した、最良の、非常によく組織された現れなのです。

本質的に、教会族の衝動は、エルサレムで生じた一回限りの啓示を世俗の国の中に持ち込もうとします。なぜなら、この修行全体は、キリストの旗の下に、修行する者が自分をキリストの本当の兵士であると感じられるようにすることなのだからです。

以上が、特別の種類の啓示によってイグナティウス・ロヨラに明かされたことの意味です。ロヨラ自身、かつては兵士でした。あらゆる行為を兵士として行っていましたが、あるとき重傷を負い、病床で瞑想し、魂の中に以前兵士の衝動として生きていたものをイエス・キリストの兵士の衝動にまで高めたのです。極めて勇敢な兵士が重傷を負い、瞑想によって、兵士が宗教的な兵士につくり変えられたのです。これは世界史上のもっとも興味ある徴候のひとつです。

この場合、キリスト衝動がもっとも外に現れています。それでは、イエズス会主義のキリスト衝動と反対の現れはないのでしょうか。もしあるとすれば、それは教会族の支配領域で生じるに違いありません。ルター主義、ツヴィングリ主義、カルヴァン主義、シュヴェンクフェルト主義（カスパル・フォン・シュヴェンクフェルト〔一四八九―一五六一〕）、再洗礼派などのさまざまな反対運動の分裂と混沌の中から、イエズス会主義の路線上の運動だけでなく（もちろんイエズス会はもっとも目立った現れであって、多くの他の運動がその路線上に見られます）、イエズス会主義に完全に対立する運動も生じなければならなかったはずです。イエズス会主義は、ますます深く教会族性の中に入っていきましたが、この教会族性から抜け出ようとする運動もなければならなかったはずです。

　イエズス会はキリスト衝動にまったく世俗的な支配力を結びつけて、いわば地上の国家を建設しようとします。それは同時にイエズス会の国家でもあり、大元帥キリストの兵士になったときの支配体制と同じ体制の国家です。では、その正反対に何が存在するのでしょうか。

　正反対なのは、上にあるものを下にあるものと結びつけるのではなく、下にあるものを霊界に引き上げる何かです。本来のキリスト族の場合、それは当然のように存在しています。ソロヴィヨフの場合、たとえしばしば吃音《どもり》がちであるとはいえ、それがはっきり現れています。本来の教会族の領域内には、イエズス会と対角線上に、外的な支配関係の中には霊的なものをまったく認めようとしない何か、キリスト衝動を常に魂の中で生かそうとし、外の社会でも魂による廻り道を辿っていこうとする何かも存在します。このような衝動は――どの時代の中にも、そのような態度をとる何かがあるでしょうから――、教会族の中でも現れるでしょう。その衝動は絶えず歴史を導いて、霊的なキリスト衝動が魂の中でのみ作用するように働きかけます。いわばエソテリックな状態に留まるようにです。もちろん最上の、もっとも高貴な意味でのエソテリズムではありますが。

イエズス会は世俗的な王国の中にキリスト衝動を認めようとしますが、このエソテリックな流れは、すべての世俗的な王国の存在を外的、物質的な環境の中で認める一方で、人びとの魂を高次の世界へ引き上げるために、人びとを互いに結びつける道を求めるのです。

この対角線上のもの、イエズス会主義の対極にあるものとは、ゲーテ主義のことです。ゲーテ主義は、イエズス会の正反対であろうとしています。ゲーテ主義は、それをイエズス会主義の正反対と見なすとき、よりよく理解できます。だからこそ、イエズス会はゲーテ主義に敵対してきたのです。そして、これからもそうすることでしょう。この二つは両立しえないのです。そしてそのことを互いに熟知しています。イエズス会はゲーテをよく知っています。イエズス会士アレクサンダー・バウムガルトナー（一八四一―一九一〇年）は、ゲーテについて最上の本を書きました。もちろんイエズス会の立場からですが。いろいろなドイツの教授たちの著述、またはイギリス人ジョージ・ヘンリー・リュウス（一八一七―七八年）のゲーテ論は、イエズス会士バウムガルトナーの三巻本のゲーテ評伝に較べれば、すべて駄作でしかありません。実際、バウムガルトナーは、なぜ自分がゲーテについて書くのか、よく知っています。敵である者の眼がゲーテへの眼差しを鋭くしているのです。彼はドイツの教授のように、中産階級の知性で書くのではなく、またはイギリス人リュウスのように、一七四九年にフランクフルトに生まれた人物を、ただしゲーテではありえない人物をゲーテとしてを描くのではありません。イエズス会士バウムガルトナーは、瞑想によって自分の意志の中に流れ込んだすべてでもって描くのです。

この点で、未来に働き続けるゲーテ主義は、一五世紀に始まり、宗教改革からイエズス会に到る時点と直接関係しているのです。

このゲーテ主義については、明日お話しいたします。

以上、キリスト族、教会族、そしてそこに働きかける第三のものを述べました。次にこれらの相互作用を述べ、近世の宗教発展の実体を、徴候に従って獲得しようと思います。その点は明日、お話しいたします。

第九講

一九一八年一一月三日

昨日の考察では、本質的に、「キリスト族」が東方へ押しやられ、ヨーロッパの中央から大きく西方へ向かって、本来の「教会族」または「教会諸族」が拡がっていった、と申し上げました。さらに、ちょうど第五後アトランティス期への移行期に、この根本事態と関連して、さまざまな戦いが生じたことにも言及しました。そしてまた、本来の教会諸族の形成された諸領域内のキリスト衝動は、時代の中に働き続けることができず、伝統と文献の伝承によって伝えられてきたものだけでしたので、キリスト教は政治的＝国家的に組織されたローマ教皇庁、教皇中心の教会と合体し、そして個々に存在していた他の諸教会もこの教皇教会に組み込まれていったことにも言及しました。それらの教会は、もともとは教皇教会制とは違っていたのですが、多くの点で共通したところもあったのです。

これらのことについて、今日も取り上げるつもりですが、いずれにせよ、これらの事情は、プロテスタント的な国家教会を、ロシア正教的なカトリック国家教会よりも、ローマ・カトリック教会制により近いものにしているのです。ロシアの国家教会は、国家教会制が決して本質だったのではなく、ロシア民族を通して、キリスト衝動が絶えず働き、力を及ぼしていました。

次にイエズス会のことも申し上げました。この修道会の体制は、キリスト衝動が世俗化し、感覚的現実の諸問題を取り込んだ結果、生じました。最後に、このイエズス会体制の正反対のものとして、「ゲーテ主義」と呼びうるものが現れたこともお話ししました。

このゲーテ主義は、すでに述べたように、ロシアのキリスト教にどこか似ているのですが、イエズス会とは反対の運動を呼び起こそうと試みています。すなわち、この地上界に存在するものを、霊的な諸世界と関連づけようとするのです。ですから、地上界での状況がどんな在り方をしていようとも、魂は霊界そのものの衝動と結びついています。この衝動は、イエズス会主義におけるように、魂を感覚世界へ引き入れるのではなく、もっぱら魂を超感覚世界へ引き入れるのです。

ゲーテは時折、彼らしいやり方で心の奥底の思いを語りました。そのような彼を示しているのは、『ヴィルヘルム・マイスター』のひとつの場面です。それは、主人公がある貴族の館に招かれ、長廊下の壁に並べられた一連の絵画を見る場面です。それらの絵画は人類史上の宗教の発展を描いていました。この小説は、偉大な思想を文学的に表現しているのですが、ここでは主人公のヴィルヘルム・マイスターが人類の宗教的な発展を描いた画廊に案内されます。そして案内人に連れられて、エルサレムの破壊の情景のところにまで到りますと、彼はエルサレム破壊の直前に、パレスティナに生きていたイエス・キリストの姿がないのに気がつきます。そしてそれを案内人に尋ねますと、ヴィルヘルムは別室に導かれます。そこは、前の部屋にはなかった場面が描かれた画廊でした。

最初の部屋には、エルサレムの破壊に到るまでの諸宗教の発展が描かれていましたが、神人イエス・キリスト——この部分にそう記されています——の全生涯がぬけていました。

第二の部屋には、イエス・キリストの生涯が、「最後の晩餐」の場面まで描かれていました。そこで次のような対話が出てきます。——「見て下さい。あなたが第一の部屋でご覧になった、いろいろな宗教衝動は、すべてが民族のためのものでした。民族宗教が取り上げられていました。しかし、あなたが第二の部屋でご覧になったのは、個人のためのものであり、個人に語りかけています。いわば、人の個性に向き合っています。民族宗教にではありえません。人間そのものに語りかけているのです」。次にヴィルヘルム・マイスターは、イエス・キリストの生涯の中で、晩餐から死、死から復活までが描かれていないのに気がつきます。そして第三の、非公開の部屋に導かれます。この部屋には、その欠けた部分が描かれていましたが、同時に、これは非常に内密な情景であり、世間のために表現されているのではない、と案内人に言われます。人間の心のもっとも内奥な部分に語りかけなければならないからなのです。

そこで、私たちは次のように考えることができます。――ゲーテの時代には、イエス・キリストの本来の受難は、一般の人のために表現すべきものではなかった。しかしそのことは現在には当てはまらない。人間はゲーテの時代以来、すでにいろいろな発展段階を通ってきた、と。

私はこう言いたいのです。――彼はすでにはっきりと、キリスト衝動を魂の内奥の部分に結びつけようとしていた。外的、民族的なものと結びつけようとは思っていなかった。いずれにしてもゲーテは、キリスト衝動を物質文明とは結びつけようとしないで、個人の魂とキリスト衝動との直接的な関係を描き出そうとしていた。彼は、個人の魂とキリスト衝動との霊的な関係を求めていた、と。

このことは、ゲーテを理解するだけでなく、ゲーテ主義を理解する上で、大きな意味があるのです。ここ数日間にお話ししてきたように、ゲーテとゲーテ主義は本来、物質文明から孤立しているのですが、文明化された人類のより内面的な宗教上の進歩を観察するときには、前進する進化に関して、孤立しているとは、言えなくなります。ゲーテは、物質文明とは異なる流れを継承しているのです。だから中部ヨーロッパの教会制とは、第三の衝動をめぐって対立しているのです。

この第三の衝動は、西方に向いています。キリスト族ではなく、教会族のほうにです。第三の衝動は、西方の諸民族を衝《つ》き動かしています。霊感を与えているとは言えないまでも、衝き動かしているのです。愛する皆さん、そうなのです。西方のもっとも極端なところにイエズス会主義、つまりイエス・キリストという大元帥に招集された軍隊がいます。そしてこれを生んだのは、文明世界の全存在に深く基礎づけられた事実だったのです。

人類史をはるか過去に遡る或る事実に眼を向けなければ、このことは理解できないでしょう。宗教史を学べば分かるように、キリスト教が東方から西方へ勝利の道を進んだときのさまざまな形態の中に、アリウス主義とアタナシウス主義がありました。ゴート人、ランゴバルド人、さらにはフランク人、「民族移動」というあまり適切とはいえない言い方をされている事柄に関与したこれらの諸民族は、もともとアリウス派に属していました。アリウス派とアタナシウスの信奉者たちの教義上の相違については、こんにちの人はあまり関心をもっていませんが、この相違は、歴史上一定の役割を演じました。今私たちはここまで立ち戻らなければならないのです。

教義上、アリウス（二五〇年頃—三三六年頃）は世界観をめぐって、アンティオキアで、アタナシウス（三〇〇年頃—三七三年）と対立していました。アタナシウスは、キリストが父なる神のような神である、つまり本性上キリストなる神は父なる神とまったく同じである、と考えていました。この考え方は、ローマ・カトリックの考え方になりました。事実、現在でもローマ・カトリシズムは、アタナシウスの信仰に従っています。ですから、ローマ・カトリック教会は、子なる神は永遠であり、父なる神と同じ本性を有する、と信じています。

アリウスは、この考え方に対立していました。彼の考え方によれば、父なる神という崇高な神がおり、子なる神、つまりキリストは、父によって、時間が存在する以前ではあっても、創造されたのだ、というのです。ですから、キリストなる神は父なる神と同じ本性なのではなく、父なる神から生じた存在なのです。子なる神、父なる神よりも人類により近い神であり、高みにましまして、人間の認識の及ばぬ父なる神と、人間が自分の中に見出す魂との間の仲介者になってくれている、というのです。

これは、はじめは教義上の相違であるように見えます。現代人にとっては、教義上の相違ですね。しかし、キリスト教の初期の数世紀間は、単なる教義上の相違ではありませんでした。なぜなら、アリウス派のキリスト教は、今述べた子なる神と父なる神との関係を土台にしており、ゴート民族、ランゴバルド民族のように、ローマ帝国没落後は、ローマの支配にとって代わったすべての民族は、本能的にこのことを自明のことと思っていたのですから。

これらの民族は、本能的にアリウス派でした。皆さんもご承知の通り、ウルフィラ（三一〇―三八三年、ゴート人司教）が聖書を翻訳しました。その翻訳は、ウルフィラがアリウス派であったことをよく示しています。ゴート人もランゴバルド人も、イタリアに移動してきたときは、アリウス派でした。そして、ルートヴィヒ一世（四六六―五一一年）がキリスト教徒になったとき初めて、フランク人がキリスト教徒になりましたが、彼らは内的には、外に示されたものとは違う信仰をもっていました。というのは、内的には、もともとアリウス派であったのに、外的にアタナシウスの信仰を受け容れたからです。そして、そのあとキリスト教がカール大帝（七四二―八一四年）の旗の下に集まったとき、皆、アタナシウス派の信仰を持つことになり、それによって、ローマ教皇教会の下に導かれたのです。そして、本来の民族移動の担い手の大半の、野蛮な民族とされたゴート人、ランゴバルド人らは滅亡しました。民族として滅亡しなかったときも、アタナシウス派によって追放され、分派としては生き続けましたが、民族宗教は姿を消しました。

そこで、二つの問いが生じます。第一に、アタナシウスの信仰に較べて、アリウス主義とは、何なのか。そして第二の問いは、なぜアリウス主義は、ヨーロッパ史の中で消えてしまったのか。少なくとも、歴史の徴候としては、見えなくなったのです。

愛する皆さん、これは非常に興味のある事実です。アリウス主義とは何かについては、次のように答えることができます。――それは、外的、感覚的世界と霊的、神的世界との間に関連を見出そうとして神を仰ぎ見た人びとの最後に生き残った世界観である、と。感覚存在を神霊存在に結びつける必要を感じた人びとのための世界観だったのです。このアリウス主義の中には、より抽象的な形で、ロシアのキリスト衝動の中に生きているのと同じ衝動が生きていましたが、しかしもっぱら衝動としてであって、信仰として、祭祀としてではありませんでした。このようなキリスト衝動は、ヨーロッパ人にふさわしくなかったので、押しのけられねばなりませんでした。そしてヨーロッパ諸民族のためにならなかったので、アタナシウス派になった人びとによって絶滅させられたのです。

ですから、アリウス主義の問題をもっとよく理解するためには、一度、ヨーロッパの諸民族の本来の魂の在り方に眼を向けなければなりません。皆さん、ローマ帝国にとって代わった諸民族の魂の在り方、いわゆるゲルマン諸民族の魂の在り方は本来、別の土台の上に立っていたのです。ゲルマン諸民族という言い方は正しくないのですが、私は今、歴史を修正するわけにいきません。私たちに分かることは、ローマ帝国内に侵入してきた人びとが、ローマ帝国にとって代わったということだけです。

このゲルマン諸民族は、さまざまな方向からやって来ました。そして、ケルト人と呼ばれるヨーロッパの先住民たちと混血します。このケルト人たちは、現在もその生き残りが特定の土地に存在しています。こんにちの人びとは、何でも民族文化として保存しようとしますから、発見された、または発見したと思い込んでいるケルト的なものを、何らかの仕方で保存しようとしています。しかしここであらためて、はっきり言えば、ケルト文化をヨーロッパの原文化と考えるときにのみ、ヨーロッパ人の文化が正しく理解できるのです。他の諸文化、ゲルマン文化、ラテン文化、アングロサクソン文化などは、あとから渡来してきたのです。

さて、このケルト的なもののもっとも根源的な姿は、イギリスの、特にウェールズにもっともあとまで残っていました。そして、ある種の宗教感情が東方へ移され、ロシア民族がキリスト族になったように、皆さんが歴史書の中に読むことができる諸事実、少なくとも若干の歴史書に出ているような諸事実を通して、西方における一定の衝動が、イギリス諸島から発して、古いケルト文化の余韻を響かせているのです。古いケルト文化のこの名残は、西方において最後は宗教生活の中に残ります。ちょうど私が東方と中部ヨーロッパについて述べた事柄と同じように、です。

では一体、ケルト人とはどんな民族だったのでしょうか。彼らは多くの点で、いろいろに分かれていますが、一定の共通点をもっています。それは、魂の生活において、自然と人類との関連に関心をもっていなかったことです。彼らにとって、人間は自然から孤立した存在でした。どんな人間的なものにも関心を寄せましたが、人間と自然との結びつきには興味がありませんでした。例えば、ケルト文化と正反対の東洋文化においては、人間と宇宙全体との関連、人間と自然との関連が常に感じとられ、ゲーテの場合と同じように、人間は自然から生じた、と感じていたのですが、ケルト人は、人間の本性と他の自然存在との関連を感じとってはいませんでした。

けれども、人間社会の共同生活には強い関心を示していました。古代ケルト人の場合、すべての共同生活にとって、命令する者、支配する者が不可欠でした。指導する側と指導される側がはっきり区別されていたのです。これは本質的なことなのです。反民主的、貴族主義的な要素が、です。ヨーロッパの場合、この要素は古いケルト時代にまで遡るのです。組織された貴族体制が重要だったのです。

さて、この貴族的＝ケルト的な王国の華やかな時代がありました。国王は指導者として、自分の周りに支配のための協力者たちを組織していました。このような、本来のケルト的衝動の上に立った指導者の最初の者が、ウェールズにおけるアーサー王と十二人の円卓の騎士です。言い伝えによれば、彼らは怪物を退治し、悪霊たちに打ち勝ちます。こういうすべては、霊界との共同生活の時代を示しています。

アーサー王伝説のすべては、ケルト文化が王国となって生き続けていたことを示しています。そこには、王制の支配、秩序づけ、組織に対する理解が存在していました。

そこで、次のような経過が生じました。ウルフィラのキリスト、ゴート人のキリストは、アリウス主義の意味で深く感じとられたキリストでしたが、このキリストはすべての人のためのキリストでした。そのすべての人とは、貴族、平民の区別のない万人のことです。このキリストは、同時に東洋において、人間が地上で全宇宙、全自然と共に体験してきたものの最後の余韻でもあったのです。その自然が、ケルト王国の社会制度の場合には、その体制の中から、いわば追い出されてしまっていました。

個々の事例を扱うことはできませんので、原則的なことを申し上げますと、この二つ（自然と人間）ははじめヨーロッパでは別々に生じ、そして第三のもの（王）に出会いました。はじめはアリウス主義が勢力を得ましたが、この立場は、自然と人間をひとつにまとめて見ていましたから、ゲルマン民族、フランク民族などのアリウス主義も、純粋にケルトの衝動の下に立っていた人びとには理解できませんでした。このケルト系の人びとは、自分たちの王制の下にある事柄しか理解しませんでしたから、そこから古ザクセン人の福音の叙事詩「救世主《ヘリアント》」の中にも残っている衝動、つまりキリスト自身を大元帥、王にして総司令官、軍を率いる君主にしようとする衝動が生じました。東洋に由来するものが理解できず、崇拝すべきものを王として、世俗の王としてしか崇拝できませんでしたから、そこからキリストを大元帥と見なす考え方が生じたのです。

そこに第三の立場が結びつきました。これは、南方のローマ帝国に由来します。ローマ帝国は、以前から――当世風に言えば――、国家的な要素に支配されていました。ローマ帝国は、国家というよりは、「国家に似た制度」をもっていました。ただ、支配下の諸地域が地理的に離れており、社会構造も一様ではなかったので、ローマ帝国は王国とは別の基盤の上に立っていましたが、それでもその体制は、王制に似ていました。ローマ帝国が共和制から皇帝制に移行した過程は、ケルト文化の中での、ゲルマンの要素と結びついたさまざまな王国の発展過程に似ていたのです。

さて、南方のローマ帝国に由来する社会生活上の考え方、感じ方は、物質界での構造にしか眼が向いていませんでしたから、アリウス主義のような、東洋に由来する古い本能的な霊的衝動と内的な結びつきをもつことができませんでした。ですから、矛盾した言い方になってしまいますが、理解できないことを命じられても受けとることができなければならなかったのです。王制や皇帝制において当然のように命令されたのと同じ仕方で、教皇制（法王制）においても命令されたのです。

一方、アリウスの教えは、命令するのではなく、人びとの感情に訴えかけました。私が言いました諸民族にもっともよく見られるように、感情に訴えかけたのです。そしてこの感情は、すべての人間に共通した感情だったと言えます。

アタナシウス派の信仰は、人間の知性や感性に訴えかけるのではなく、人びとの共同体と結びつくために命令され、そして命令を法として定めるという方向に向かいました。世俗社会の法律と同じように、アタナシウス主義の信仰は、法律になったのです。ですから、まったく理解できないような特殊な信仰である、子と父の同一性、父も子も永遠なるものであり、ともに同一の神である等々のことは、後々までも次のような言い方で信じられたのです。――「理解しようとしなくてもよい。信じなければならない」。これは命令の一形式です。

アタナシウスの信仰は、信じるように命令されるのです。この命令形式をとることで、政治的な教会組織が生じる結果になりました。アリウス主義は、個人一人ひとりに語りかけました。ですから教会組織をもつ必要がなく、命令されたりはしませんでした。しかし、アタナシウス主義の信仰で大切なのは、命令されることだったのです。

こうして南方のアタナシウス主義の命令する傾向は、組織本能と結びついて優勢になっていきます。この傾向の先頭には、十二人の部下をもつ指導者（アーサー王）がいて……（欠落個所あり）。

この二つの傾向は、中部ヨーロッパでは互いに対立し合ったままでしたが、西ヨーロッパや後のアメリカでは、アタナシウス主義で社会制度を編成する方向に、精神生活をも社会生活の中に取り込む方向に向かいました。言い換えれば、古代貴族社会の名残が残り続けたのです。アーサー王の伝説、先ほど述べたアーサー王と十二人の円卓の騎士たちの怪物退治の物語などに見られる名残がです。その場合、精神的な要素は、命令するというよりは、組織することによって育成されます。ですから、中部ヨーロッパが教会族を発達させている間に、西方では、特に英語圏の人びととの中には、フリーメーソンによって、「ロッジ族」という第三の集団を生じさせました［ロッジ＝小屋は仲間が自由に移動して働くための宿泊所であり、集会所のこと］。

ロッジ族においては、社会を形成し、編成する意志がもともと存在していました。組織というものは、もともと眼に見えぬ手段を用いてなされるときにのみ、価値をもちます。つまり、他の人がその組織など気にかけずに済むような場合にのみです。そうでなければ、命令せざるをえなくなってしまいます。ロッジ系の原則は、英語を話す人びとに、自由と友愛の原則に従ってケルト文化の継続を求めました。ですから、ロッジ族は、人間集団を結社的、教団的にまとめることを本質的な特徴としていました。

結社的なまとめ方は、アーサー王伝説の継続なのです。世界史のいとなみは、常にいろいろな事情が入り組んでいます。進歩発展は、後のものが前のものの直線的な延長に生じる、と思っている限り、決して理解できません。進歩発展は、入り組んで現れます。ですから、人間の考え方、人間の魂の働きに関する限り、このロッジ原則は、イエズス会と内的に親和しています。イエズス会とフリーメーソンがどんなに対立しているとしても、考え方はよく似ています。そしてイグナティウス・ロヨラの場合、その血管の中を流れるケルトの血が、明らかにその偉大な業績に協力していたのです。

愛する皆さん、東方ではキリスト族が生じました。この人びとは、一貫してキリスト衝動を生かそうとしています。東方の人間にとって、キリスト衝動が魂の中に流れ込んでいるのは、当然のことなのです。中部ヨーロッパの教会族の場合、キリスト衝動は現在の衝動としてではなく、西暦紀元はじめという過去の時代に押し込められ、その後は命令、つまり国家権力による命令と伝統の継承にとって代わられます。西方のロッジ体制におけるキリスト衝動からは、近代啓蒙主義が、ケルト文化の最後の後裔《こうえい》として、近代啓蒙主義と理神論が生じました。

中部ヨーロッパの教会族のキリスト衝動と大英帝国のキリスト衝動との間にどんな違いがあっても、どうぞこのことを、個々の人間にはあてはめないで下さい。実際、キリスト衝動は、もちろんイギリスにも波及していたのですから。

実際、今私が述べたロッジ衝動をもつ人びとは、西方の全土において、国家生活にも関わっていました。そしてこのことから、キリストに対する別の関係も生じたのです。

一体、キリスト族の成員は、キリストとどう向き合っているのでしょうか。「私が自分の魂を体験するとき、キリスト衝動に出会う」、という向き合い方をするのです。なぜなら、キリストは常に、魂の中に存在し、その中で働いているのですから。

教会族の成員は言います。――円熟期のアウグスティヌスが、私はどうキリストを見出すのか、と自問したときのように――「教会こそが私にキリストを示してくれる。キリストとは誰なのか、教会が私に教えてくれる。なぜなら、教会は、はじめにキリストについて語られていた事柄を、伝統を通して保持してきたのだから」。

ロッジ族の成員は、まったく別の仕方でキリストを求めます。教会族ともキリスト族とも異なり、こう語るのです。――「世界史は、かつてこの世にあったキリストについて語っている。こういうキリストを受け容れるのは、理にかなっていることだろうか。世界史におけるキリストの影響力は、理性の前でどのように正当化できるのか」。

これこそが、本質的に、啓蒙主義のキリスト論なのです。この立場は、キリストに対して、理性の前での正当化を求めるのです。

さて、問題を正しく理解するために、はっきりさせておかなければなりませんが、私たちは、キリスト教徒でなくても、神に到ることができます。私たちは、事柄をしっかりと把握していなくても（無神論者というのは、身体的にどこか病気なのです）、思弁の道でも、神秘主義の道でも、常に神に到ることができるのです。この世で神を受け容れることができるのです。これこそが、本来の理神論であり、啓蒙主義の信仰です。

ところが、ロッジ族から出た人の場合、普遍的な神と並んで、キリストをも理性によって受け容れようとします。こういう立場の例は、いろいろ挙げることができます。例えば、一六四八年、つまりウェストファリア平和条約の年に没したエドワード・ハーバート（チャーバリーのハーバート卿、一五八一―一六四八年）は、キリスト衝動を合理主義によって見出そうと試みました。ロシア族のまともな成員なら、キリスト衝動を論理の力で見出そうなどとは、とても思えないでしょう。それは、両肩の上に頭が存在していることを論理の力で見出すようなものだからです。私たちは、頭をもっているように、キリスト衝動をもっているのです。

しかし、チャーバリーのような人にとっては、まったく違うのです。――「啓蒙主義の立場で考えうる神と並んで、キリストをも受け容れるのは合理的なことだろうか」、と問うのです。

きっと皆さんはおっしゃるでしょう。――合理主義者なら、誰でもがそう考えるわけではないだろう、と。もちろん、哲学者たちが明確な概念を用いてそう考えるのであって、他の人びとは、それほど多く考えません。しかし本能の中で、感性の中で、無意識の中で、近代人の多くは、そう考えているのです。

今私が例にあげた人物は、まず次のように語りました。――「すべての宗教に共通するものを考察してみよう」。

これは、啓蒙主義の典型的な発想です。キリスト衝動に関しては、自分自身で霊的なものに到ろうとはせず、理神論の抽象的な神に到ろうとするだけですので、「あれこれ神的なものを見出すのは、人間にとって当然のことなのか」、と問うのです。チャーバリーは方々を旅行して、さまざまな宗教が共通にもっているものを知ろうと努めました。

彼は非常に多くの共通点を見出しましたので、それを五つの命題にまとめました。この五つの命題は、私たちにとっても重要なものです。

第一、「神は存在する」。人びとは、本能的に、この上なくさまざまな宗教の中で、神を受け容れているゆえに、神が存在することを受け容れるのは、自然の理にかなっている、と考えます。

第二、「その神は崇拝を求める」。これも諸宗教に共通した特徴です。

第三、「崇拝は、徳と敬虔さをもたねばならない」。

第四、「罪は悔い改め、そして償わねばならない」。

第五、「彼岸には、人に報いたり、人を罰したりする公正さが存在する」。

このような考察の仕方は、啓蒙主義となって、ますます普及していきました。トーマス・ホッブス（一五八八―一六七九年）もジョン・ロック（一六三二―一七〇四年）も、繰り返して次のように語ったのです。――「イエス・キリストのことが言い伝えられてきた。そのようなイエス・キリストを受け容れるのは、理にかなったことだろうか」。

そして最後に、次のように言うところに落ち着きました。――「福音書の中でイエス・キリストについて述べられている事柄を考察すると、それは基本的には、すべての宗教が共通にもっている主要命題と一致する。したがってキリストは、すべての宗教が共通にもっているものを要約してみせたかのような印象を与える。すべての宗教の最上のものを教えてくれた人物、神に充《み》たされた人物がいたに違いない、という印象を与えるのだ」。

「神に充たされた」という言葉は、誰にでも多かれ少なかれイメージできる言葉です。こういう観点が理にかなったこととされたのです。個々の人物、例えばマシュー・ティンダル（一六五七～一七三三年）は、『キリスト教は天地創造の時より存在する』と題された本を書きました。この本は、啓蒙主義の本質を知る上で非常に重要です。もちろんこの思想は、その後、ヴォルテール（一六九四―一七七八年）その他によって浅薄なものにされてしまいましたけれども。ティンダルによれば、常に、基本的には誰でもクリスチャンだったのです。そしてキリストは、すべての宗教の最上の部分だけを要約してみせたのです。

愛する皆さん、こうしてキリストは、引き下ろされて、教師にされてしまいました。メシアと呼ぼうが、師と呼ぼうが、キリストは教師になったのです。キリストの存在した事実が大事なのではなく、人類のもっとも貴重な宗教内容を教えた、ということが大事なのです。

今述べたことは、もちろん、さまざまに違った表現をとって現れてきますが、その基調はいずれも、キリストは教師である、なのです。

さて、先に述べたキリスト族、教会族、ロッジ族という三つの類型の本質部分に眼を向ければ、キリスト族の場合は、「キリストは霊である」と言えるでしょう。つまりキリスト族は、地上のどのような制度とも関係を持とうとしないで、キリストがかつて人間の姿でこの世に存在した、という秘蹟だけを問題にするのです。教会族は、「キリストは王である」と言うでしょう。さまざまなニュアンスの違いがあるとしても、です。このことはロッジ族の中にも生きていますが、この立場をさらに発展させて、「キリストは教師である」という立場に到っています。

皆さん、ヨーロッパ人の意識の中のこの微妙な相違に眼を向けて下さい。実際、この違いは魂の深いところに生きており、個人の中だけでなく、第五後アトランティス期のヨーロッパ人全体の魂の中に、そして社会の在り方そのものの中にも、深く生きているのです。これがキリスト衝動の三つの主要な色合いなのです。このことについては、いろいろお話しすべきことがありますが、今日は時間の関係で、要点だけをお話しいたします。

昨日は人類進化の三形態を取り上げましたが、それとの関連で、まず次のような問題が生じます。——全人類は今、二八歳から二一歳へと感覚魂を生きています。

個人としての各人は、今、第五後アトランティス期の人類として、意識魂をあらわしています。そしてさらに、集合魂の中での第三の進化についても、昨日お話ししました。そしてこれらの事柄は、集合魂と関連しつつ発展してきたのです。私たちは一方において、現在も作用している歴史上の諸事実をもっており、他方において、宗教上の微妙な違いを伴った集合魂をもっています。そして、この二つの相互作用の結果、「キリストは霊である」という衝動をもつキリスト族と、「キリストは王である」という衝動をもつ教会族と、「キリストは教師である」という衝動をもつロッジ族とが発達してきたのです。このことは、集合魂の特性に依存しています。これが第三の進化なのです［図11参照］。

さて、実際に外に現れてくる発展においては、もちろん、一方が他方と互いに作用し合っていますから、誰がロッジ族に属する啓蒙主義的理神論者なのか、と私にお訊きになるなら、皆さん、私はこう答えなければならなくなります。――「啓蒙主義的理神論者のもっとも典型的な代表的人物は、ベルリンのハルナックである」。

アドルフ・フォン・ハルナック（一八五一―一九三〇年）は、ドーヴァー海峡の向こうに住んでいるどんな人よりも、はるかに純粋なロッジ族の典型なのです。近代生活においては、すべてが互いに入り混じっていますが、事柄の根本に遡って理解しようとするのなら、外に現れている諸事実に立ち止まってはなりません。第三の進化の流れが民族性と結びついて、今お話ししてきた事柄の中に入り込んでいることを、よく意識していなければならないのです。

しかし、他のいろいろな進化の流れもありますから、この集合魂的特徴に対しては、意識魂がはげしく挑戦します。その挑戦はあらゆる地点で現れます。いろいろなところに中心がつくられ、そこから戦いを挑むのです。以上に述べた事柄と、一見なんの関わりもないゲーテ主義もまた、このような挑戦のひとつです。あれこれの側面から考察してみると、ゲーテ主義はやはりこのようなすべてに深く関わっているのです。なぜなら、聖杯の流れが先に述べたアーサー王の流れと並んで早くから発展を遂げているからです。しかもこの流れは、アーサー王の流れの正反対なのです。

聖杯神殿を訪ねようとする人は、あてどもない道を六〇マイルも歩かなければなりません。神殿はまったく隠されており、問おうとしなければ、その場所を知ることはできないのです。つまり聖杯の流れは、意識魂のもっとも内密な部分と霊界とを結びつける流れなのです。いわばキリスト族が本能的な仕方で求めている霊界への道を、人為的、意識的な仕方で歩もうとするのです。

ですから、ヨーロッパの宗教衝動のこの注目すべき相互作用を図式にしてみれば、この衝動［図11の赤］は、今のところはまだ本能的で萌芽の状態に留まっていますが、キリスト族の中に生きて働いています。キリスト族からソロヴィヨフのような哲学者が出たときには、その哲学者はこ

［図11］

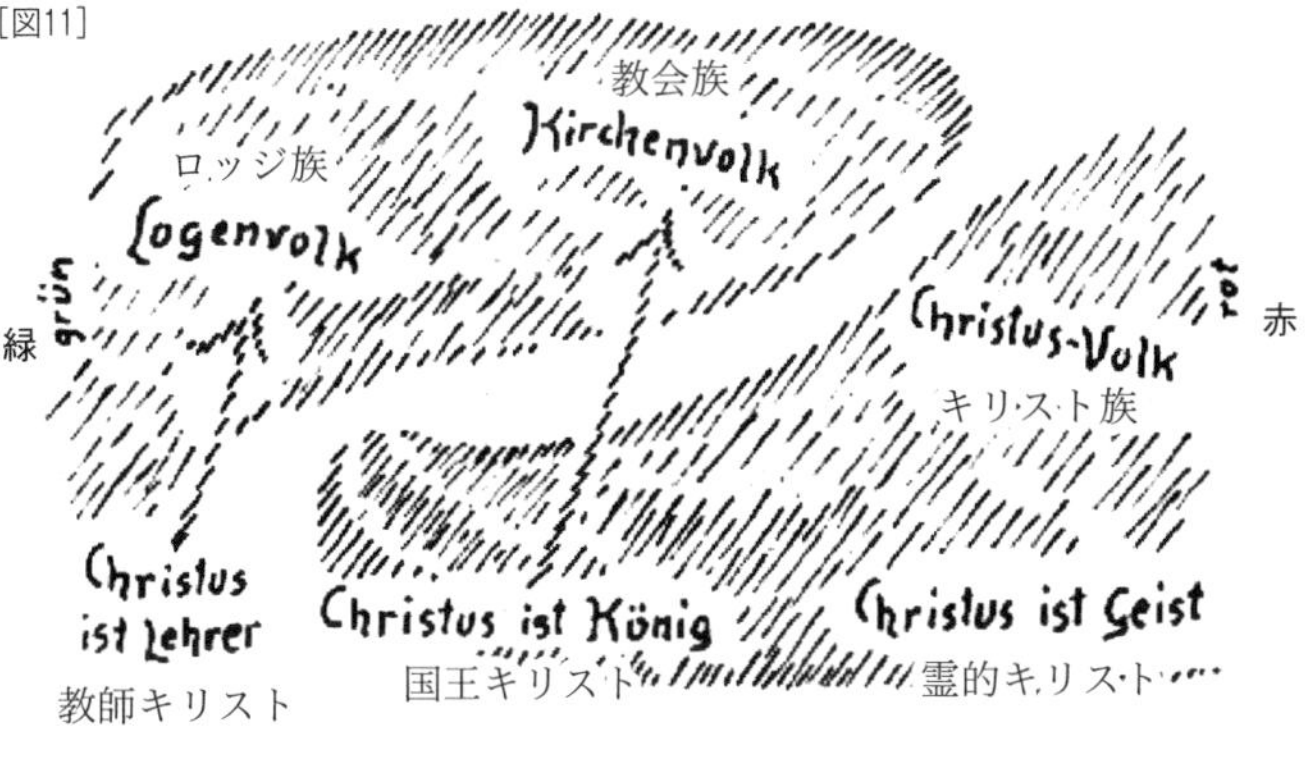

のキリスト衝動を当然のことと受けとるでしょう。

中部ヨーロッパは、土地柄からこのキリスト衝動を受けとる状態にありませんから、意識して、人為的な仕方で行わなければなりません。図の渦が曲がっているように、聖杯の流れがヨーロッパへ流れています。この流れはいたるところからヨーロッパへ流れ込んでいます。しかし、それは聖杯の流れですから、集合魂によっては左右されません。

ゲーテは、たとえ潜在意識に強く依存していたとはいえ、この聖杯の流れの中で生きていました。皆さんがこの聖杯の流れを求めるなら、いたるところでそれを見出すことができるでしょう。ゲーテはその点では決して孤立していたわけではありません。先行する働きに結びついていました。ルター、ドイツ神秘主義のような、先行するすべてとは、なんの関わりを持っていませんが、そのすべてが多かれ少なかれ、ゲーテに働きかけて、彼をドイツ人の一員ではなく、世界の一員になるようにしたのです。そして、三つの段階が区別できるように彼を導いたのです。民衆的な宗教の段階、賢者の宗教の段階、この段階は第二の部屋で一人ひとりの前に示されます。しかし、もっとも内密な宗教は、第三の部屋で、もっぱら内密に魂に語りかけます。そして、死と再生の秘儀を教えます。ゲーテは、こういう仕方で人びとの魂を高めるのです。イエズス会的にではなく、感覚界に働く宗教的なものを霊的な高みへ引き上げるのです。これが聖杯の精神なのです。

皆さん、特に現代では逆説的に聞こえるかもしれませんが、聖杯の流れは、ロシア精神の中にあります。聖杯の流れは、まったくロシア精神の中にあるのです。そして、しばしばお話ししてきた第六後アトランティス期にとってのロシアの未来は、ロシア人の中に存在する、この何ものにも屈することのないグラール（聖杯）の精神に左右されているのです。

以上は、意識魂のひとつの側面を考察するときに、眼を向けなければならない事柄です。そして別の側面に眼を向けるなら、東方におけるように、キリスト教を侵略と取るのでもなく、伝統と文書によって生き続けるものと取るのでもなく、理性的なものと取る立場が見えてきます。

この立場はロッジ精神とその分派の内部に伝えられてきました。私はそれを別の色〔緑〕で描いておきます。この意識魂の流れはあとになって西方で政治化された、アーサー王精神の現れです。そして、ロシア精神のキリスト衝動が聖杯主義となって続いているように、そして、その同じ衝動がすべての人びとの中に流れていくように、この意識魂の流れも継続して、教会族の内部のすべての人の中に流れ込み、そしてイエズス会的な色合いを帯びています。

イエズス会はすでに述べたように、ロッジ主義に敵対しているとしても、そのことが本質なのではありません。何かが別の考え方をする何かに敵対しているということは、いくらでもありえますが、高位のイエズス会士がロッジに入り込み、高位のロッジ会員と結びついている、というのも、歴史的な事実なのです。しかしそれだけでなく、この二つは同じ根から出ているのです。一方が教皇制に到り、他方が自由と知性と啓蒙主義に到ったとしても、このことが言えるのです。

以上のことは、「意識魂の作用」とでもいうべきものをイメージさせてくれます。なぜなら、前に私は皆さんに、東から西への三段階についてお話ししましたが、そのことは民衆の生活に基礎を置いていました。西方において啓蒙主義を生じさせている状態は、意識魂の流れが個々の人間の中に生きているからこそ可能だったのです。

しかし、私たちはさらに、第三の感覚魂の流れをもっています。これはすべての人類に固有のものであり、この流れのおかげで、全人類が、ますます若くなることで、同一の進化年齢にあるのです。現在の人類全体は感覚魂の時代にあり、ますます年齢が若くなって、二八歳から二一歳にまで若返っています。このことは、全人類にあてはまります。

第一の流れとして、キリスト教、教会、ロッジという民族宗教の流れを述べるときの私たちは、私がイタリア系＝感覚魂、フランス系＝悟性魂または心情魂などなどと区別している進化の立場に立っています。

第五後アトランティス期以来、すべての個人の中で発展している意識魂の流れについて語るときの私たちは、特に宗教的なものが個人の中に流れ込む過程を取り上げています。しかしそこからさらに、別の集合体への作用もまた生じます。それはすべての人間における感覚魂の進化との共同作用です。この進化は、意識魂の進化よりもはるかに無意識的でありながら、それと並行して進んでいるのです。

ゲーテのような人物が、たとえいろいろ無意識の中の諸衝動に促されているとはいえ、非常に意識的にみずからの宗教に方向づけを与えているのを研究して下さい。そうすれば、意識魂の働きが見えてきます。しかし近代人には、意識魂と並んで、別の衝動も働いています。それは感覚魂の発展とも内的に深く結びついている社会衝動の潜在意識的な要素です。

皆さん、それは社会主義への発展と呼ぶべきもので、今はその始まりにあります。すでにお話ししたように、その最初のきっかけが意識魂によって与えられた社会主義は、第五後アトランティス期の使命であり、第四千年紀までにその使命をまっとうするでしょう。そう言えるのは、今、人類が二一歳から二八歳までの感覚魂の時代を生きていることによるのです。社会主義の中には、この感覚魂の時代が生きているのです。

社会主義は党派の問題とは関係ありません。現実に多くの社会主義の党派が存在しているとしても、それらは社会現象としてそうなのであって、党派と社会主義そのものとは違います。社会主義とは、第五後アトランティス期において必然的に人類社会の中に形成されていくべき何かなのです。私たちの第五後アトランティス期が終わる頃には、文明社会のいたるところに、社会主義を求める本能が生きていることでしょう。

以上に述べたことがすべて、この第五後アトランティス期には働いています。しかし同時に、潜在意識の深みの中では、地上の全世界に、正しい社会主義を四千年紀に到るまでに実現しようとする願いも働いています。

この精神史的な展望をふまえて言えば、こんにちの社会主義が非常に悪しき要素を抱え込んで泡立っている状態を見ても、不思議とは思わないでしょう。社会主義が本来の軌道に乗るのは、はるか後のことで、それまでは無意識の深みであらゆる試みが企てられているのです。今、何かに駆り立てられているのは、人間の魂というより、人間の無意識であり、人間の気質です。その気質の働きがさまざまな社会主義理論を生み出しているのです。バクーニン主義であれ、マルクス主義であれ、ラッサール主義であれ、それらの理論は現実の深みに根ざしたものを表現してはいません。それらはすべて、はっきり申し上げれば、真の現実を覆い隠す仮面であり、装飾であるにすぎないのです。真の現実を見るためには、私たちが行おうと試みてきたように、人類の進化を深く洞察することから始めなければなりません。

今、社会で生じている事柄も、魂ではなく、気質の中にひそんでいる衝動に発する混乱した準備作業にすぎないのです。

皆さんはすべて、社会主義者です。多くの場合、皆さんがどんなに社会主義的であるかということを、皆さん自身はご存じないとしても、それは社会主義が無意識の中で、気質の中で働いているからにすぎません。しかし、私たちが社会主義者であることを意識するときにのみ、私たちは自己認識の曖昧さ、その混乱ぶりから抜け出せるのです。

こんにちの人びとが自分の内面世界をどんなに抽象的に扱い、無価値な骨董品のように見なしているか、私はとてもわざわざ言う気にはなりません。人間は複雑な存在ですから、世界を知ることなしには、自分を知ることもできないのです。

ここで一度、第五後アトランティス期の歴史を、この観点から振り返っておきましょう。東方には、「霊としてのキリスト」をもっとも本質的な衝動としているキリスト族がいます。他のヨーロッパ人の教養は、その前触れにすぎなかったのですが、今、本能の力、根源的な力、歴史の必然的な力で、キリスト衝動がロシア人と結びついて歴史に現れました。聖杯精神による宗教体制を第六後アトランティス期までに整え、さらにそれを全世界のためのひとつの文化酵素にすることが、ロシア人に託されているのです。この衝動がさまざまな形をとった他の諸衝動と食い違うのは、当然のことです。

そういう他の諸衝動とは、どういうもののことを言うのでしょうか。ヨーロッパには「キリストは王である」と、「キリストは教師である」という二つの衝動も働いていました。しかしロシア人の心情は、キリスト衝動を教育の問題であるとは思っていません。しかし、「キリストは霊である」が「キリストは王である」と結びついて、宗教世界に地上の権力を導入する宗教原則を生み出しました。キリストは王であり、ツァーリはその代理人である、というのです。地上の現実においてはしばしば、もっとも異質なもの同士が結びつきます。ツァーリズムとなった西方的なものが、それと無関係なロシア人の心情に結びつけられたのです。

外的な現実世界では、内的にはもっとも結びつきのないもの同士が、社会的に結びついて、互いに摩擦し合うことがよくあります。ロシアにおいても、もっとも異質なツァーリズムとロシア主義とが結びついていました。ですから、宗教的なロシア人たちが時代の要請に従って、ロシアの霊的衝動からツァーリズムを排除しようとする態度に出るのは、当然のことです。どうぞ、考えてみて下さい。「キリストは霊である」は、意識魂のもっとも高貴な文化と結びついています。ところが今、それが社会主義の名のもとに、感覚魂に由来する「キリストは王である」と結びつこうとしています。東方における社会主義がこの信じられぬ形態をヨーロッパから取り入れたのは、驚くべきことではありません。それは、意識魂文化と感覚魂文化とのまったく機械的な結合なのです。外の現実世界で生じる多くは、この内的な関連に眼を向けなければ、洞察できないでしょう。

現在の人類にとっても、未来の発展にとっても、大切なのは、安易な、怠惰な道をとらずに、今私たちがどんな諸関連の中で生きているのかを理解しようと努めることです。しかし、人びとはそれを理解しようとはしてきませんでした。その結果、今、ヨーロッパにアメリカを巻き込んだカオスが現れました。恐ろしい破局がです。この破局から抜け出すためには、それが現在の時代状況の中で何を意味するかを洞察できなければなりません。

だからこそ、人智学運動は人類の偉大な進化への諸衝動を認識して、時代が人間に何を要求しているのかを知らなければならないのです。もちろん現代という時代が人智学的世界観をこの視点から理解しようとしていないことに気づくのは、大きな苦しみです。

皆さんも私の述べたことから分かって下さると思いますが——先週『自由の哲学』との関連で述べた一般的な観点に立って付け加えたいのですが——、社会主義は人間の本性一般を基礎にして、人類の中に繰り返して現れてくる現象です。

社会主義に反対しているこんにちの反動勢力は、歴史を展望するものにとって、恐ろしいとしか言いようがありません。今はどんなに混沌とし、混乱したものであるとしても、全世界に拡がる社会主義というインターナショナルな思想は、未来を指向しています。そして、あらゆる種類の大小さまざまな国民国家は、人類社会の進歩に逆行するものです。ウィルソンの「それぞれの国民にそれぞれの国家を」は、第五後アトランティス期の発展を妨げる恐ろしい発言です。このことがどういう結末を生じさせるかは、まだまったく分かりませんが、今のところ、「恐ろしい！」と言うしかないのです。こう言うしかないのです！

「国民国家」は同時に、アーサー王衝動に由来する影響の下にあります。つまり組織原則の下にあるのです。これの対極が聖杯衝動であり、これはすでに述べたように、ゲーテ主義と深くつながっていて、いたるところで、道徳の分野でも学問の分野でも、個的なものを志向しています。何よりも個体の発展に注目し、現在ではもはや何の意味ももたない集合体には眼を向けません。しかしこの集合体は、インターナショナリズムによって排除されざるをえません。なぜなら、発展の方向が正反対だからです。

『自由の哲学』や『ゲーテの世界観』の中で論じたゲーテ主義とその個体主義もまた、必然的に社会主義の衝動を担っています。第五後アトランティス期の人類は、個体主義と社会主義という二つの極を共に生かさなければなりません。そして、このことを実現するには、人類社会が社会主義の方向を目指していることを洞察できなければなりません。こんにちの社会主義者たちは、今後の千年間に実現させるべき社会主義の理想のために、今何が必要なのかをまったく考えようとしていません。今必要なのは、体の人間、魂の人間、霊の人間という全人の本質を理解することなのです。すでにそれぞれの地域の民族的な宗教衝動が、人間は体と魂と霊から成る存在であることを示してきました。ロシア人を含む東洋人は、霊を理解する課題を担っています。西方は体を、中部は魂を理解する課題を担っています。もちろん、それらは互いに交流し合っており、杓子定規に図式化して考えることはできません。しかし真の社会主義衝動は、この三つのすべてのために、進化を遂げなければならないのです。

社会主義とは何でしょうか。それは社会構造の中に、言葉のもっとも広い意味での「友愛」を実現することです。もちろん、その友愛は、平等とは無関係です。なぜなら、家族を考えてみても、年齢の違いでさえ、もはや平等とは言えません。友愛を正しく理解しなければなりません。それは物質界において実現されるべき、すべてなのです。すなわち、こんにちの国家制度の代わりに、友愛を基礎にした組織を全世界に実現するのです。現在、すべての教会制度、宗教制度は、国家制度や国家に類似した諸制度から生じたものですが、それを今、制度ではなく、魂の要件にしなければなりません。魂同士の自由な共存と共生を可能にするための要件にしなければなりません。宗教との関連で言えば、社会主義の発展と並行して、絶対的な思考の自由がなければなりません。

これまでの社会主義は、社会民主制の形態をとり、「宗教は私的要件である」と放言するに留まりました。しかし、その言葉で意味していることは、まさに人間に襲いかかる猛牛に対して、その牛が友愛を守る牛なのだ、と述べるようなものです。なぜなら、こんにちの社会主義体制という猛牛は、それ自身が宗教であり、まったくセクト的な態度で、信じられぬほどの不寛容さを示しているからです。社会主義と並行して、宗教生活が美しい花を開かせなければなりません。そして、地上で共に生きる一人ひとりの魂同士の自由な要件こそが、人類の宗教生活なのです。

さて、ここで考えていただきたいのは、この点で、進化に対しては、無限に多くの邪魔が入る、ということです。進化のために働くと、必ず邪魔が入ります。邪魔が入り、それを克服しても、すぐにまた邪魔が入ります。どんな事柄も現れると、必ず死滅します。それが一般的な歴史原則である、とすでに申し上げましたね。そこで考えていただきたいのですが、宗教の分野での思想の自由と外的な好ましい社会生活との並存にどんな邪魔が入ったでしょうか。社会生活は、国家共同体の内部でのみ育成されうる、と言われています。しかし、宗教生活は、国家組織のためには、どんな役割も演じられません。宗教生活は、社会主義の社会でも、何らかの組織から一〇〇パーセント完全に独立した魂の共同生活の中でのみ、役割を演じることができます。

このことに対して、何という過ちが犯されてきたでしょう。「キリストは霊である」の隣には、ツァーリズムの恐るべき教会組織が並んでいます。「キリストは王である」は、教皇制と宗教信念との絶対的な連結です。そして教会、つまりローマ・カトリック教会そのものが、政治的制度として構成されただけでなく、教会は、特にここ数世紀の間、イエズス会という廻り道を通って植民地という別の諸領域に入り込み、イエズス会と共にその諸領域に浸透する道を見つけたのです。

　では、ルター主義はどのように発展したのでしょうか。たしかにルター主義は、連続講義『唯物主義のカルマ』で述べたように（一九一七年九月一一日、一八日）、古代秘儀の衝動（第四文化期のキリスト以前の秘儀体験）から生じてきました。そして、一方の顔を第四期に、他方の顔を現在の第五期に向けています。ですから、その限りにおいて時代に応じた衝動の持ち主です。しかしルター主義の登場によって、何が起きたでしょうか。宗教の分野でルターが望んだこととドイツ宮廷の君主の利害関係とが手を結んだのです。君主はプロテスタント教会の運営会議を牛耳ったり、教会の高位の役職に就いたりしました。ですから、ここでも、決して結びついてはならない者同士が結びついています。

　そして、社会を支配する国家原則とカトリックの宗教原則とが、オーストリアにおいて、互いに結びつきました。オーストリアの不幸のすべては、結局はこのことに起因するのです。別の原則の下にあったなら、特にゲーテ主義の原則の下にあったなら、オーストリアによき秩序をもたらすことが可能だったでしょう。

　以上はひとつの側面です。もうひとつの側面は、英語を話す人びとの生活圏である西ヨーロッパのいたるところに見られるフリーメーソンのロッジ体制と君主制との連携です。事実、中部ヨーロッパにおけるイエズス会その他の浸透に眼を向けるのと同じ仕方で、西ヨーロッパにおけるロッジ体制の浸透に眼を向けなければ、この地域の国家体制は理解できません。フランス、イタリアも、完全にその影響を受けています。

ですから、社会主義と並行して進まねばならない精神生活は、恐ろしいほど悪い状況におかれているのです。このことをよく意識していなければなりません。

社会主義と並行して進むべきものは、精神生活の分野です。精神的な解放運動はすべて、国家体制から独立していなければなりません。学問、科学のどんな国家管理も、絶対的に廃止されなければなりません。大学と呼ばれる、世界中に普及した学問の管理体制は、第五後アトランティス期の発展に対する最大の妨害勢力です。

なぜなら、宗教の分野で自由が生きていなければならないように、社会の分野でも完全に平等な共同作業がなされうるように、人類の進歩発展のために、どんな人も学費、資格にとらわれずに、それぞれの仕方で学問に関与できなければならないからです。

社会主義運動を健全に発展させようとするのなら、特権、特許、独占が認識の分野に少しでも存在することは許されません。現在の私たちは、今述べたところから非常にかけ離れていますから、どうすれば学問の管理体制が廃止できるか、どうすればこの方向での進歩に各人が関与できるのかについて、具体的にお話ししても無駄です。しかし、このことは教育システムの中で、否、人間関係全体の中で生かされるべき重要な衝動と関連しています。

いずれにせよ認識の所有に関して言えば、一切の独占、特権、特許はなくなっていくでしょう。そして誰でも、自分の精神生活の内容をあらゆる分野で有効に働かせることができるようになるでしょう。人がどれほどその認識を自分のものにしているか、どこまで深く関わっているかによって、その働かせ方はいろいろあるでしょうけれども。

大学が医学のような専門分野の知識を独占しようとしたり、あらゆる学問分野を管理しようとしたりする時代にあっては、精神生活における自由と平等の個々の場合を一つひとつ取り上げても仕方ありません。なぜなら、もちろん私たちは、精神生活における自由と平等から非常にかけ離れているのですから。そしてたいていの人は、この点を完全に理解するのに、来世の人生まで待つ時間を十分にもっています。しかしもちろん、現在でも、いたるところでこの理解を始めることができるでしょう。

現代という時代に関わり、そこに生きる人びとと共に働く以上、私たちは、どんな諸衝動に促されているかを意識して、特に社会主義衝動に眼を向けて、この衝動を、それと並行して働いている宗教思想の自由、認識分野での平等と結びつけなければなりません。認識は平等でなければなりません。ちょうど、ことわざに言う「死はすべての人を平等にする」ようにです。実際、認識は、未来においては、死もまたそこに通じているあの超感覚的世界へ導いてくれるでしょう。死を独占したり、死の特許をとったりはできないように、認識に関しても、それを独占したり、その特許を受けたりはできないのです。それにもかかわらず、敢えてそうしようとする人は、認識の真の担い手になるのではなく、市民社会の意味での「認識の担い手」に成り下がったのです。

もちろん、ここでは個人を問題にしているのではありません。死が個人を問題にしないようにです。今、問題なのは、時代にとって重要な事実である、時代の社会形成のことです。特に現代という時代は、次第に堕落していく市民階級の時代なのですから、進化に敵対する勢力に対抗する力がますます弱ってきています。ローマ教皇庁は明らかに進化に敵対しています。旧来のカトリシズムが、一八七〇年代に、教皇による君主制の頂点とも言うべき「無謬のドグマ」を打ち立てたことに抗議したとき、本来この抗議は良い結果を生むべきだったのに、反抗した人びとは困難な状況に陥りました。現在までこの状況は続いています。

今述べたことをふり返ってみれば、今でもこの地上で、本来は魂の領域に属しているはずの事柄が物質界の用件になっていることにお気づきになるでしょう。本来であれば、この地上の物質界には友愛が、完全な友愛が生じればいいのです。しかし、物質界に直接属していないはずの事柄が、この物質界に勢力を拡げています。もちろん、人間が物質界に生きている限りは、どんな事柄も物質界に属していますが、人間がつくり上げた組織が物質界を支配しているのです。

例えば、宗教は、物質界において、絶対的にもっぱら魂の共同体であるべきであって、外的な体制に組織されるべきではありません。そして、学校も、まったく別の仕方で組織されなければなりません。特に、公立、国立の学校は存在すべきではありません。教育も、思想の自由から、人間個性から生じるのでなければなりません。

現実は複雑に錯綜していますから、現在の社会主義は、先程お話しした原則とは正反対の様相を呈しています。独裁的で権力欲にとりつかれ、社会主義でさえなければいい、と思いたくなるようなものになってしまっています。社会主義は、本質的に、この世の違法な君主制との戦いだったのです。この世に違法な君主が現れてくるのは、キリスト衝動もしくは霊的な働きが利用され、国家原則に従わされ、外的な組織を社会的な友愛とが両立できなくなったときなのです。

皆さん、これが現代にとってのもっとも重要な、もっとも本質的な問題なのです。今必要なのは、この事態を洞察し、実感することです。そうすることができなければ、現在の破局から立ち直れません。私はこのことを何度でも繰り返して申し上げなければなりません。今考察した社会主義の諸衝動を知ることなしには、人類の真の進歩のために共に働くことはできません。

一週間前に『自由の哲学』についてお話ししたとき、私が申し上げたかったのは、私がこの著作を書くことで、自由がどんなところでも役立つように試みた、ということでした。さまざまな分野でこの思想を生かそうとしたのです。私はゲーテ主義をも、さまざまな分野で役立たせようとしました。そして、この数年に及ぶ困難な時期［第一次世界大戦］に、人びとの眼をゲーテ主義に向けさせようとしました。ゲーテ主義は、ゲーテについての思想なのではなく、世界のある場所で何が生じるべきなのか、という問いのためにあるのです。世界のすべての民族が互いに命がけの喧嘩をしている今のこの現状においてです。

　しかし、そのときにも私は、自分をどんなところにも役立たせたいと感じました。ですから、以上のことをペシミズムから申し上げたのではありません。ペシミズムに陥るには、私はカルマの働きを知りすぎています。ですから私は昨日やったことを明日も繰り返せる、と思っています。そして、このことを人びとに知ってもらいたいと思っています。人びとが現実を知らなければ、現代という時代に応じた衝動を自分で見出すことはできないからです。

　心の奥深くにもっているものを掘り起こして、光への道を見出すことが、本当に、できないのでしょうか。すべてを壊さなければ始まらないのでしょうか。

　この問いを、私たちは毎日、新たに立てるべきではないでしょうか。あれこれのことをやればいい、とは言いません。現代においては、やれることがどんなに少ないか、よく分かっています。しかし、必要なのは、洞察することです。間違った判断をしないでも済むように、安閑としていないで、現実に見合った事柄を洞察できるようになろうと努めることです。

　今朝《けさ》読んだ「フランクフルト新聞」の記事は、特別な印象を与えてくれました。一八年前、二〇年前によくいろいろな事柄について話し合った知人の文章が載っていました。彼はパウル・エルンスト（一八六六―一九三三年）という詩人で劇作家です。彼の演劇はいくつも上演されたことがあります。当時は彼と非常に親しくしていましたが、一六年間、一八年間ぐらい、まったく会っていませんでしたが、今日「道徳的な勇気」についての彼の小さなエッセイを読んだのです。そこに次のような文章がありました。現在こういう文章を書く人がいることは、ありがたいことですが、何度でも問わなければいけないのは、こういう文章を書くことができるのは、「今生じているような出来事［世界大戦］がどうして起きなければならなかったのか」、と問うことができる人だけです。生粋のドイツ人で、非常に教養のある彼は、ほぼこう書いています。――「ドイツ人は憎まれている、とよく言われるが、一体この世界の中でドイツ精神を本当に憎んでいるのは誰なのか、私は知りたい」。そこで彼は気がつくのです。――「そうだ、今、ドイツ精神をもっとも憎んでいる人がいるとしたら、それはドイツ人だ」。

本当にドイツ人の、内なる憎しみが、ゲーテ主義に向けられているのです。とはいえ、そもそも私は――皆さんもご承知の通り――、ウィルソン大統領に追従してドイツ人の悪口を言うつもりはまったくありません。発言が強制されてなされるときには、悲しい印象しか与えません。自由な発言は、自由な思想から生じるのでなければなりません。

何度でも言いますが、ドイツの現状についての悲観論を煽るためにこういうことを言うのではありません。皆さんの心に語りかけ、皆さんもまた他の人の心に語りかけて、みんなで洞察力を呼び覚ますことができるように、そう言うのです。

実際、近年、最悪なところに来ているのは、判断力です。権威崇拝の下に、判断が世界中で曇らされています。世界中がひとりの学長［ウィルソン大統領のこと］を偶像のように崇拝して、自分で考えようとしないのです。このことは今、世界中に見られる現象です。この現象を、一人ひとりが自分で克服しなければなりません。しかし、ひどい言い方を許していただくなら、ただ後ろ足で立ち上がった馬のように抵抗したからといって、判断が下せるわけではありません。現実の中に入っていこうとする意志が必要なのです。

現代の指導者たちは、前にも別の関連で申し上げましたが、最悪の人たちの中のエリートなのです。彼らによって現在のこのひどい状況が惹き起こされたのです。このことを見通すことができなければなりません。「民主主義」「社会主義」などなどのスローガンにしがみつくことが大事なのではありません。言葉の背後の現実を見抜くことが大事なのです。

以上にお話ししたことは、現代を生きる人びとの心に浮かんでくる事柄です。現代においては、心が激しく震憾させられているのを感じている人びとも、強制の下でしか、何事も語れず、何事も行えません。だからこそ、判断、洞察が大事なのです。深い関連が見えてこないと、諸民族の今後の方向性も見えてきません。ですから勇気をもって、こう言わなければなりません。

――「この現状が見えていない限り、民族、社会に関わるすべての思想は、存在する資格がない」。こう言える勇気がなければなりません。私たちに必要なこの勇気について、これまで申し上げてきたのです。

今日はずいぶん長い話になってしまいましたが、ヨーロッパの深いところに根ざした諸衝動を現代の諸衝動と直接関連づけてお話しする必要がある、と思ったのです。

皆さん、今の私たちは、いつまで同じ場所にいられるか、見通しの立たないような状況を生きています。今日にでも強制されてどこかへ連れて行かれるかもしれません。しかし、どんなことになろうとも――私たちはこの点で互いに長いこと話し合ってきました。それともまだ不十分だったでしょうか――、しかしいずれにせよ、私はまもなく旅行に出なければなりませんが、今日の話がここで行う最後の講義ではありません。この地でこの場所から皆さんにもっともっとお話しできるように心掛けるつもりです。

訳者あとがき

シュタイナーは世界史の大きな流れを、約二一〇〇年を単位にして分けています。感覚魂の時代（エジプト＝カルデア期）、悟性魂の時代（ギリシア＝ラテン期）、それから一五世紀の初頭から現代へと続く意識魂の時代、そして三六世紀から霊我の時代へ、つまりいよいよ魂の時代から霊の時代への移行が始まるというのですが、一人ひとりが独立して、自由に自分の思いを生きようとする現在の意識魂の時代に、もしも技術と産業と金融資本主義が時代を支配するようになったら、霊の時代に行く着く前に、人類は地球もろとも死滅せざるをえず、地上にはバクテリアだけが繁殖しているだろう［『シュタイナー　悪について』（春秋社）、「ミカエルと龍の戦い」一八五頁］、と予想しています。

本書は、そういう時代の危機的状況の中で、どのような立ち位置に立てば、この危機を克服することができ、未来の人類のために霊の時代への途《みち》を開示することができるか、という壮大な課題に真っ正面から向き合っています。

例えば、第四講［一一五頁以下］では、こう述べています。

　他人に興味を抱くことは、未来へ向けて人類を社会的に前進させることなのです。人間に関心を持つこと、相手の欠点を批判しないで興味を抱くこと、他人の欠点に愛情をもって向き合うこと、この大変な課題を自分の課題にすることが霊の時代へ入る用意をしたことになる、というのです。その道を「ゲーテ主義」と「倫理的個体主義」と「自由」という三つの言葉でくわしく語ってくれています。

　今回も春秋社の高梨公明さんとテキストを選んでくれた飯塚立人さんのおかげで本書をまとめることができました。お二人と、このテキストで勉強会を支えて下さった京都の友人の方々、そして昴の会の代表・橋本貞一さんに感謝しております。

二〇二一年九月二七日

高橋　巖

プロフィール

ルドルフ・シュタイナー　Rudolf Steiner（1861-1925）
ハンガリーのクラリエヴィェベック（現クロアチア）に生まれる。ウィーン工科大学卒業。ゲーテ学者、哲学者として活躍した後、1902年、神智学協会ドイツ支部書記長に就任。13年、神智学協会を離れ、人智学協会を設立。霊学的観点から新たな総合文化の必要性を説き、その影響は宗教、芸術、教育、医療、農法、経済など、広範な分野に及ぶ。1925年、スイス・ドルナハにて逝去。著書・講演録多数。

高橋　巖　Iwao Takahashi
東京、代々木に生まれる。慶應義塾大学文学部大学院修了後、ドイツに留学。ミュンヘンでドイツ・ロマン派美学を学ぶなか、シュタイナー思想に出会う。1973年まで慶應義塾大学で教鞭をとる（美学・西洋美術史を担当）。1985年、日本人智学協会を設立。著書に『神秘学講義』『シュタイナー哲学入門』ほか、訳書に『シュタイナー・コレクション』全７巻、『秘教講義』全４巻ほか。

歴史徴候学　危機の時代の人智学 2

2021年10月30日　第 1 刷発行

著　者＝ルドルフ・シュタイナー
訳　者＝高橋　巖
発行者＝神田　明
発行所＝株式会社　春秋社
〒101-0021 東京都千代田区外神田 2-18-6
電話　(03)3255-9611（営業）
(03)3255-9614（編集）
振替　00180-6-24861
https://www.shunjusha.co.jp/
印刷所＝株式会社　太平印刷社
製本所＝ナショナル製本協同組合
装　丁＝本田　進

ISBN978-4-393-32558-2 C0010　定価はカバーに表示してあります。